www.ingramcontent.com/pod-product-compliance
Lightning Source LLC
LaVergne TN
LVHW051103051026
849532LV00004BB/1415
* 9 7 8 8 1 1 9 0 2 2 1 3 7 *

قلم بولتا ہے

حشم الرّمضان

Qalam Bolta hai (Essays)
by: Hasham-ur-Ramazan
Edition: January '2023
Publisher & Printer:
Taemeer Publications, Hyderabad.

ISBN 978-81-19-02213-7

کتاب	:	**قلم بولتا ہے** (تنقیدی و تحقیقی مضامین)
مصنف	:	**حشم الرمضان**
صنف	:	تنقید و تحقیق
ناشر	:	تعمیر پبلی کیشنز (حیدرآباد، انڈیا)
زیر اہتمام	:	اثبات و نفی پبلی کیشنس (مغربی بنگال)
سالِ اشاعت	:	۲۰۲۳ء
تعداد	:	(پرنٹ آن ڈیمانڈ)
طابع	:	تعمیر پبلی کیشنز، حیدرآباد -۲۴
صفحات	:	۱۳۲
کمپوزنگ و سرورق	:	شہلا گرافکس، کانکی نارہ، شمالی ۲۴ پرگنہ (مغربی بنگال)

فہرس

انتساب

میں اپنے اِن نثر پاروں کو جو مختلف ادوار میں مختلف موضوعات پر لکھے گئے اپنے والدین محترم رمضان علی (مرحوم) اور والدہ محترمہ شاکرہ بانو (مرحومہ) کے نام معنون کرتا ہوں جنہوں نے اپنی کم علمی کے باوصف حتی الامکان مجھے علم سے بہرہ ور ہونے کا موقع فراہم کیا اور دعائیں دیتے رہے۔ اللہ اُنہیں غریق رحمت کرے۔ آمین!

حشم الرّمضان

اپنی بات

یہ وہ مضامین ہیں جو لکھے تو گئے لیکن کبھی کتابی شکل میں بھی آئیں گے یہ سوچ کر ہرگز نہیں۔ آج جب انہیں کتابی شکل دی جارہی ہے تو تلاشِ بسیار کے باوجود کچھ شائع شدہ مضامین نہ رسالوں میں مِل رہے ہیں نہ اخباروں میں اور نہ ہی مسودوں کی شکل میں کیوں کہ انہیں محفوظ رکھنے کی بات کبھی سوچی ہی نہیں گئی۔ کچھ مضامین اس لئے دستیاب نہیں کہ اب وہ پرچے یا رسالے جن میں یہ شائع ہوئے ہیں، بند ہو چکے ہیں۔ کچھ مضامین اس لئے نہیں ملتے کہ اُن کی اشاعت کا سال یا تاریخ ذہن میں نہیں۔ یہ جو چند مضامین آپ کے ہاتھوں میں ہیں اُن میں سے چند مضامین عملی تنقیدیں ہیں یا نوک جھونک کے مضامین ہیں جو ''روزنامہ آبشار، کلکتہ'' یا ''ہفتہ وار اُجالا، کلکتہ'' میں شائع ہو چکے ہیں۔ مجھے یقین ہے اِن کے مطالعے سے آپ کا وقت ضائع نہیں ہوگا، بلکہ کچھ نہ کچھ ادبی اور لسانی استفادہ آپ ضرور کرسکیں گے۔

حشم الرّمضان

’’مُشک آنست که خود ببوید نه که عطار بگوید‘‘

نطقِ بیجا

شاعر معمولی انسان سے کچھ زیادہ ذکی الحس اور باریک بیں ہوتا ہے۔اس کے حسیّات زیادہ بیدار ہوتے ہیں۔ وہ اُن آوازوں کو بھی سن لیتا ہے جو ہمارے کانوں کی گرفت میں نہیں آتیں۔ وہ اُن چیزوں کو بھی دیکھ لیتا ہے جن تک ہماری نگاہیں نہیں پہنچ پاتیں۔ اس کے جذبات نہایت قوی اور پائیدار ہوتے ہیں۔ وہ اپنی صلاحیتوں کو کام میں لاکرفن کے بیش بہا نمونے پیش کرتا ہے۔

شاعری نہایت اہم فن ہے۔انسان کے تجربات ومشاہدات،محسوسات وجذبات سے اس کا گہرا تعلق ہوتا ہے۔ چونکہ اپنے محسوسات وجذبات سے دوسروں کو متاثر کرنا شاعر کا فرضِ اوّلین ہوتا ہے لہٰذا نہ صرف یہ کہ شاعر اپنے نازک احساس اور لطیف وجدان کو زبان وبیان کا حسین جامہ عطا کرتا ہے بلکہ انہیں دلکش، دل نشین اور پُر اثر بنانے کیلئے تخّیل سے رنگین بھی کرتا ہے۔لیکن اسے جانچنا، اس کی قدر وقیمت متعیّن کرنا اور اسے تشنگانِ ادب تک سلیقے سے پہنچانا نقّاد کا کام ہوتا ہے۔ظاہر ہے نقّاد کی اہمیت خالقِ شعر کی اہمیت سے کسی طرح کم نہیں۔ سچ بات تو یہ ہے کہ ادب کی ذمّہ داریاں شاعر سے زیادہ نقّاد پر عائد ہوتی ہیں۔فنِ تنقید شعروادب کا زائیدہ ہونے کے باوجود ادب وشاعری کی دایہ کہلاتا ہے۔

لہٰذا ادب پاروں پر تبصرہ کرنے سے پہلے نقّاد کو معلوم کر لینا چاہئے کہ فنکار کی تخلیق کی فضا کیا ہے، اوراس کی تخلیقی قوتیں کس نہج اور کس عنوان سے بروئے کر آئیں۔ نقّاد کو چاہئے کہ وہ اپنی دماغی قوتیں فن کے نمونے پر مرکوز کردے اورفن کار کی روح کی گہرائی تک پہنچ جائے۔ لیکن یہ کچھ ایسا آسان نہیں بڑا جان جوکھوں کا کام ہے۔ ناقد کے پاس انصاف کی میزان ہونی چاہئے اور چونکہ انصاف برتنے کے لئے خوبیٔ کردار لازمی ہے لہٰذا نقّاد کا غیر جانب دار ہونا بھی ضروری ہے۔ اسے نہ تو دوستی کا پاس کرنا ہے اور نہ دولت کا لحاظ اور نہ ہی اسے جذبات سے مغلوب ہونا ہے۔ اگر نقّاد سے ایسی کوئی غلطی سرزد ہوئی تو یقیناً وہ بڑی تباہ کن ثابت ہوگی۔ نقّاد اگر غیر جانبدار نہیں ہے اور اگر وہ اپنی پسندیدگی یا ناپسندیدگی کی شدّت سے مغلوب ہوگیا تو نتیجہ معلوم۔ پسندیدہ چیزوں پر تو وہ پروانہ وارفدا ہوگا لیکن ناپسندیدہ چیزوں کی دھجّیاں اُڑا کر رکھ دے گا۔ ایسا کرنا ایک تباہ کن غلطی ہے۔ نقّاد کا کام محض نکتہ چینی یا عیب جوئی نہیں۔ اس کا اہم فرض یہ ہے کہ وہ فن کی تحلیل کرے، اس کے حسن وقبح پر نظر ڈالے، اسے پرکھے اور پھر اس کی قدر وقیمت متعین کرے۔ تنقید کے سلسلے میں اس بات کا جاننا بھی نہایت اہم ہے کہ شاعری کسی منطقی تنقید یا جائزہ کی متحمل نہیں ہوسکتی۔ یوں تو شاعری میں دل ودماغ دونوں کی کارفرمائی ہوتی ہے، لیکن اصل شاعری دل ہی کی ہے دماغ کی حیثیت ثانوی ہے۔ ایسے میں اگر شاعر سے منطقی محاسبہ کیا گیا تو یہ ایک بے معنی بات ہوگی۔

ڈاکٹر رضی ناطقی نے ''مولانا آزاد کالج کا مشاعرہ اور چار غزلیں'' کے عنوان سے پانچ قسطوں پر مشتمل ایک مضمون میں چار مختلف غزلوں کا جائزہ لیا ہے۔ اصولِ نقد کو بالائے طاق رکھ کر چند غزلوں کی تو انہوں نے منطقی تنقید کی کسوٹی پر خوب جانچا ہے اور چند کو اس سے بالکل مبرّا چھوڑ دیا ہے۔ تنقید میں دیانت داری اوّلین شرط ہے لیکن ناطقی صاحب نے اس کا قطعی خیال نہیں رکھا۔ بعض شاعروں کو تو وہ بے نقط سنایا ہے اور ان پر وہ درشت اور بے محابا یورش کی ہے کہ ان کے دل کا عناد پوشیدہ نہ رہ سکا۔ ان کی طرز نگارش کی سخت کلامی حدودادب سے تجاوز کرگئی ہے۔ ایک نقّاد کے لئے یہ اندازِ نقد ہرگز مناسب نہیں۔ نقّاد کے لئے طبیعت میں ٹھہراؤ، مزاج میں عدل اور دماغ میں

بڑی سنجیدگی اور متانت کی ضرورت ہے۔ جو لوگ جذبات سے بالعموم بے قابو ہو جاتے ہیں وہ فطرتاً کامیاب نقّاد نہیں ہو سکتے نقّاد کے لئے بہر حال غیر جانبدار رہنا ضروری ہے۔ لیکن ناطقیؔ صاحب نے بہ بانگ دہل اپنی جانبداری کا اعلان کر دیا ہے۔ ان کا کہنا ہے کہ اگر ان کے پسندیدہ شعروں پر کسی جانب سے اعتراضات ہوئے تو وہ ان کا مدلل جواب دیں گے۔ گویا انہوں نے مصمم ارادہ کرلیا ہے کہ وہ اس ضمن میں مدافعت بیجا سے بھی گریز نہیں کریں گے۔ ایسے میں اہلِ نظر خود فیصلہ کریں کہ ناطقیؔ صاحب کی تنقید کی قدر و قیمت کیا ہے۔

مضطر حیدریؔ کی غزل کی تحلیل کرتے ہوئے مطلع پر جو طفلانہ تنقید کی گئی ہے وہ اہلِ ذوق کی نظروں سے پوشیدہ نہیں۔ تنقید میکانیکی نہیں۔ اس کے اصول فی زمانہ بدلتے رہتے ہیں کیوں کہ یہ وقت اور حالات کی پابند ہے۔ اگر تنقید میکانیکی ہوتی تو نقّادوں میں اختلافات رائے نہ ہوتا۔ تخلیقات کو تنقید کے بندھے ٹکے اصولوں کی کسوٹی پر کس کر محاکمہ کرلیا جاتا۔ پھر تو فنِ تنقید بہت آسان ہو جاتا۔ لیکن حقیقت یہ نہیں۔ ہر ادب میں اس زمانے کے سیاسی میلانات اور اقتصادی و معاشرتی حالات و کیفیات کا عکس ہوتا ہے۔ اگر نقّاد ان باتوں کا علم نہ رکھتا ہو تو اس سے تنقید میں انصاف کی توقع نہیں کی جا سکتی۔

مضطر حیدریؔ کی غزل کا مطلع اوّل آج کے ادب کا آئینہ ہے۔ ممکن ہے خاکپائے نقّادانِ والا تبار یعنی حضرت رضی ناطقیؔ کو آج کی جدیدیت نہ بھاتی ہو۔ لیکن اس بات سے کہ شہر کی فضا کیا ہے انہیں چشم پوشی نہیں کرنی چاہئے تھی۔ شاعر نے اپنے اس مطلع میں ؎

فٹ پاتھ کی اس بھیڑ میں پوچھا نہ کسی نے
اک شخص کو دم توڑتے دیکھا تو سبھی نے

ایک خاص واقعہ کی طرف اشارہ کیا ہے، اسے کلیہ نہیں بنایا لیکن محسوس کرنے والے محسوس کریں گے کہ شاعر نے جو کچھ محسوس کیا اور کہا ہے وہ ایک روشن حقیقت ہے۔ شاعر نے شہری معاشرہ کی سو فی صد صحیح تصویر پیش کی ہے اور اگر بفرضِ محال ایک ہی فی صد یعنی اسی ایک خاص واقعہ پر ہی سچّائی منطبق ہو رہی ہو جسے شاعر نے دیکھا ہے تو بھی کسی کو کیا اعتراض۔ کون نہیں جانتا کہ شہر میں فٹ

پاتھ پر پڑے ننگے اور بھوکے غریبوں کی اس وقت تک خبر گیری نہیں کی جاتی جب تک کہ وہ مرکر تعفّن کا باعث نہ بن جائیں۔ یہی وہ وقت ہوتا ہے جب تنفران کی طرف مائل ہوتا ہے اور ناطقی صاحب کے خیال میں بھائی چارگی ان کی طرف توجہ کرتی ہے اور سرکار یا تجہیز و تکفین کی انجمنیں انہیں زیرِ بارِ احسان کر دیتی ہیں۔

جہاں تک مطلع میں الفاظ کے استعمال کا تعلق ہے نقّاد نے انہیں غزل کے مزاج کے خلاف بتایا ہے لیکن اگر اس نقّاد کے پاس جدید غزل کے ناپنے کا جدید پیمانہ ہوتا تو شاید وہ ایسا نہ کہتا۔ چونکہ جدیدیت سے اس کا علاقہ نہیں لہٰذا اس سے اس کی توقع نہیں کی جاسکتی تھی۔

مضطر کی غزل کے پانچویں شعر میں، میں نہیں سمجھ سکا کہ نقّاد کو ''مانوس سی'' میں تنافر کا عیب کیونکر نظر آیا۔ اگر شاعر نے ''مانوسی سی'' استعمال کیا ہوتا تو اس میں ''سی سی'' کا تنافر پیدا ہوسکتا تھا۔ لیکن حیرت تو اس بات پر ہے کہ تنافر کے اس عیب کا دیکھنے والا علقمہ شبلی کی غزل کے پانچویں شعر پر (✓) کا نشان لگا کر اپنی پسند کے کھوکھلے پن کا مظاہرہ بھی کرتا ہے جب کہ اس شعر میں تنافر کا عیب واضح ہے اور نقّاد اس کی طرف ہلکا سا اشارہ بھی نہیں کرتا۔ شعر ملاحظہ ہو۔

مانا کہ نکل آئے ہو گرداب سے لیکن
ساحل پہ پہنچ کر بھی تو ڈوبے ہیں سفینے

''پہ پہ'' کا تنافر حضرات ملاحظہ فرمائیں اور نقّاد کی جانبدار ذہنیت کا ماتم کریں۔
مضطر کے اس شعر میں۔

کیا جانے کہاں ہے جو کنارے پر کھڑا تھا
ایک سایہ تو کل ڈوبتے دیکھا ہے ندی نے

نقّاد کو وزن کی خامی نظر آئی۔ حالانکہ جس کو شعر پڑھنے کا ذرا بھی ملکہ ہے وہ اس شعر کو پڑھتے وقت ''اِک'' ہی پڑھے گا چہ جائیکہ خود اس کا خالق اسے ''ایک'' پڑھے۔ یہ معمولی سہو تحریر کی ہوسکتی ہے یا پھر کاتب کی۔ اسے بات کا بتنگڑ بنانا اور عروض کی بکواس لے بیٹھنا ناطقی کا ہی حصّہ ہے۔ سنجیدہ اور متین نقّاد اس غیر ضروری اور غیر اہم بات کی طرف دھیان نہ دیتا، اور پھر ناطقی کا یہ کہہ کر گزر جانا کہ

جب شعر ہی ناموزوں ہوتو اس کے معائب کا ذکر کیا کیا جائے ،ان کی ہمہ دانی کا بین ثبوت ہے۔
مضطؔر کے اس شعر میں ۔

خود اپنے ہی احساس کا سایہ جو تھا مضطؔر
کل رات ڈرایا ہمیں رہ رہ کے اسی نے

میں نقّاد کو ''کو'' کے بغیر ''رات'' کے استعمال میں خامی نظر آئی اور اس کی اصلاح یوں فرمائی:

کل شب کو ڈرایا ہمیں رہ رہ کے اسی نے

کیا اچھّا ہوتا اگر فاضل نقّاد دردؔ کے مندرجہ ذیل شعر کی بھی اصلاح کر دیتے ۔

ہم نے کس رات نالہ سر نہ کیا
پر اسے آہ نے اثر نہ کیا

مختصر یہ کہ مضطؔر حیدری کی غزل پر ناطقؔی کی تنقید سطحی اور نہایت بچکانہ ہے جو ہر گز قابلِ قبول نہیں۔

دوسری غزل پروفیسر اعزاز افضل کی ہے جس پر ناطقؔی صاحب نے درشت لہجے میں نہایت خشمناک تنقید کی ہے۔افضؔل کے اس مطلع پر۔

ہوتے ہیں سفینوں میں بھی کچھ ایسے سفینے
چھٹتے ہیں جسے دیکھ کے دریا کے پسینے

ناطقؔی صاحب کا یہ اعتراض کہ ناموزوں اور بے بحر ہے، نہایت جارحانہ ہے۔ مطلع کے مصرعہ ثانی میں اعزاز افضل جیسے شاعر نے ہرگز ''دیکھ کر'' استعمال نہ کیا ہوگا۔ یہ کاتب کا کرم معلوم ہوتا ہے۔مولانا آزاد کالج کے اس مشاعرے میں ، میں بھی مدعو تھا لیکن اتفاق سے شامل نہ ہوسکا ورنہ میں وثوق سے کہتا کہ اعزاز افضل نے ''دیکھ کر'' استعمال کیا ہے یا'' دیکھ کے''۔ ویسے بھی یہ کوئی ایسی بات نہیں جس کے لئے صفحے کے صفحے سیاہ کئے جائیں۔

اس مطلع پر دوسرا اعتراض ناطقؔی صاحب کا یہ ہے کہ یہ غیر مردف ہے جبکہ مصرعۂ طرح مردّف ہے ؏ ''شرمندہ کیا جو ہر بالغ نظری نے'' قوافی: نظری، خوشی، کسی وغیرہ اور ردیف

’’نے‘‘۔لیکن میرا خیال ہے کہ ناطقی صاحب کا یہ اعتراض درست نہیں۔اگر پوری کی پوری غزل میں قافیے کا یہی التزام ہوتا تو کہا جاسکتا تھا کہ اعزاز افضلؔ نے یہ غزل مقفی کہی ہے مردف نہیں،اور تب نقّاد کے خیال سے اتفاق کیا جاسکتا تھا۔لیکن جب دیگر اشعار یہ ثابت کرتے ہیں کہ اس غزل میں ردیف کی پابندی کی گئی ہے تو پھر ہم اس مطلع کو غیر مردف کیوں کہیں۔ہاں، یہ مطلع انفرادی حیثیت سے غیر مردف ضرور ہے لیکن اجتماعی حیثیت میں یہ غیر مردف نہیں۔

مطلع دیکھ کر اگر ناطقی صاحب کو اس کے مردف ہونے کا گمان گزرا ہے تو یہ درست ہے لیکن جونہی انہوں نے دیگر اشعار دیکھے ان کا یہ گمان رفع ہو جانا چاہئے تھا اور سمجھ لینا چاہئے تھا کہ مطلع میں بھی ردیف کا التزام ہے۔فرق صرف یہ ہے کہ اس کی ردیفیں املا کی پابندیوں کے سبب قافیوں سے متصل ہوگئی ہیں یا یہ کہ قافیوں میں شاعر نے ردیفیں ڈھونڈ نکالی ہیں اور یہ کوئی ایسی بات نہیں جس پر حیرت کی جائے اور جس کے لئے اعزاز افضلؔ کو مجتہد فن کہہ کر طنز کیا جائے۔شاید فاضل نقّاد کی نظر سے غالبؔ کی وہ غزل نہیں گزری جس کا مطلع ہے۔

غم دنیا سے گر پائی بھی فرصت سر اُٹھانے کی
فلک کا دیکھنا تقریب تیرے یاد آنے کی

ردیف ’’کی‘‘ اور قوافی -اٹھانے، چلانے، آنے چھپانے وغیرہ کی پابندیوں میں یہ غزل کہی گئی ہے۔اب آپ غالبؔ کے مقطع کا شعر ملاحظہ فرمایئے اور بتایئے کہ اعزاز افضلؔ کہاں تک اس فن کے مجتہد ہیں۔

کہوں کیا خوبیِ اوضاعِ ابنائے زماں غالبؔ
بدی کی اس نے جس سے ہم نے کی تھی بارہا نیکی

کیا سات شعروں کی اس غزل میں غالبؔ کا مقطع غیر مردف ہے؟ اگر ہاں، تو یہ بدعت غالبؔ نے بھی کی تھی۔اعزاز افضلؔ ہی موردِ الزام کیوں؟ اس بدعت کے شکار تو مومنؔ بھی تھے۔مومنؔ کی ایک مشہور غزل اس مطلع سے شروع ہوتی ہے۔

ہوئی تاثیر آہ و زاری کی
رہ گئی بات بے قراری کی

اس غزل کی ردیف ''کی'' اور قوافی ''زاری، بے قراری، نثاری وغیرہ ہیں۔ یہ غزل گیارہ اشعار پر مشتمل ہے جس میں درج ذیل اشعار بھی شامل ہیں۔

کیوں نہ ڈر جاؤں دیکھ کر وہ زلف
ہے شبِ ہجر کی سی تاریکی

بس کہ ہے یار کی کمر کا خیال
شعر کی سوجھتی ہے باریکی

اہلِ نظر فیصلہ صادر فرمائیں کہ کیا غالبؔ اور مومنؔ نے ردیف وقافیے کے استعمال میں وہی کچھ نہیں کیا جو اعزاز افضلؔ نے کیا ہے۔ تو پھر ناطقیؔ صاحب کا اعزاز افضلؔ پر برسنا کیا معنیٰ؟

اعزاز افضلؔ کے مطلع میں اگر محلِ نظر کوئی بات ہے تو وہ ہے لفظ ''دریا'' جسے سفینہ کا مد مقابل بتایا گیا ہے۔ سفینہ کا اور دریا کا ایک دوسرے سے بڑا گہرا تعلق ہے۔ دریا کے بغیر سفینہ کا وجود باقی نہیں رہتا۔ لہٰذا دریا کو سفینہ کا مخالف بتانا صحیح نہیں۔ سفینہ کو غرقاب کرنے کی کوشش دریا نہیں بلکہ طوفان کرتا ہے۔ لہٰذا سفینہ کا حریف حقیقتاً طوفان ہی ہے پھر پسینے طوفان کے چھوٹنے چاہئیں نہ کہ دریا کے۔ شاعر نے ''پسینہ چھوٹنا'' کے محاورہ کو دریا سے متعلق کر کے مفہوم میں جدّت پیدا کرنا چاہی ہے۔ دریا بھی پانی اور پسینہ بھی پانی، لہٰذا پانی کا پسینہ چھوٹنا ایک چونکا دینے والی بات ہوگی۔ یہی وجہ ہے کہ شاعر کا خیال دریا سے طوفان کی طرف منتقل نہ ہو سکا اور اس سے یہ سہو ہوگئی۔ دوسری بات جو اس مطلع میں محلِ نظر ہے وہ مصرعہ اولیٰ میں ''بھی'' کی غلط نشست ہے۔ ''سفینوں میں بھی'' کہنے سے یہ مطلب نکلتا ہے کہ اور چیزوں کے علاوہ سفینوں میں بھی ایسے سفینے ہوتے ہیں۔ جبکہ شاعر کا ارادہ ہرگز یہ کہنے کا نہیں۔ شاعر کہنا چاہتا ہے کہ سفینوں میں کچھ ایسے بھی سفینے ہوتے ہیں جنہیں دیکھ کر دریا کے پسینے چھوٹتے ہیں۔ لہٰذا یہ مصرع یوں ہونا چاہئے تھا ع

ہوتے ہیں سفینوں میں کچھ ایسے بھی سفینے

اعزاز افضل کی غزل کے اس حسن مطلع میں۔

چھوڑا نہ تصور کو بھی جب تیرہ شمی نے
ہر شمع جلا دی مری روشن نظری نے

ایطائے جلی کا عیب دیکھنے والے نقّاد کی نظر شاید مصرعۂ طرح کے ساتھ فراہم کردہ قوافی پر نہیں پڑی، اور شاید علّامہ وحشت (مرحوم) کی وہ غزل بھی ان کی نظر سے نہیں گزری جس کے مطلع کے قوافی اعزاز افضل کے استعمال کردہ قوافی سے کچھ زیادہ مختلف نہیں۔

شرمندہ کیا جوہرِ بالغ نظری نے
اس جنس کو بازار میں پوچھا نہ کسی نے

ورنہ ایطائے جلی کا مجرم ٹھہرانے کے لئے وہ اعزاز افضل کی طرف روئے سخن نہ کرتے۔

یہاں تک آپ نے نقّاد کی تنقید اور اس کی تنگ نظری کا ایک رُخ دیکھا۔اب اس کی تنقید کا دوسرا رُخ یعنی نقّاد کی وسیع النظری بھی ملاحظہ فرمایئے۔

تیسری غزل وکیل اختر کی ہے جس کی تعریف میں زمین آسمان کے قلابے ملائے گئے ہیں۔غزل نقل کی گئی ہے اور یہ تنقیدی جملے لکھے گئے ہیں:

''سبحان اللہ! سبحان اللہ!! مطلع سے لے کر مقطع تک صوری اور معنوی اعتبار سے ہر مصرعہ فصاحت کی زمین ہے اور ہر شعر بلاغت کا آسمان ہے۔قوافی کا انتخاب بھی بہت اچھا ہے۔علمی صلاحیت اور ذوق سلیم کے باعث شاعر نے چند ایسے حسین قوافی کی تخلیق کی ہے جو بلاشبہ عام نہیں ہیں...''

سبحان اللہ! کیا تنقید ہے۔اس جامع تنقید میں ناقد نے کیسی دیانت داری دکھائی ہے اہلِ نظر ملاحظہ فرمائیں۔

آئینہ حقیقت کا دکھایا جو کسی نے
منہ پیٹ لیا لذّت افسانہ گری نے

ناقد نے اس شعر پر (✓) کا نشان لگا کر اسے اپنا پسندیدہ ترین شعر قرار دیا ہے جبکہ مصرعہ ثانی میں شاعر کا اظہار بیان نہایت ناقص ہے۔ ''منہ پیٹنا'' محاورہ ہے۔ اگر اس محاورہ کو لذّت سے اس لئے متعلق کیا گیا ہے کہ لذّت کا تعلق زبان سے ہے اور زبان کا منھ سے، تو میں سمجھتا ہوں کہ یہ بات نہایت لغو، مہمل اور بے سروپا ہے تا آنکہ ''لذّت'' کو مجسم نہ کیا جائے۔ لذّت اگر مجسم کی گئی ہوتی یعنی لذّت کو سراپا عطا کیا گیا ہوتا تو منہ پیٹنے کے مفہوم میں محاکات کا حسن پیدا ہو جاتا اور یہ مصرعہ مہمل بھی نہ ہوتا۔ اور اگر ''لذّت افسانہ گری'' سے شاعر نے افسانہ گر مراد لیا ہے تو اس کوشش میں بھی اسے بالکل ناکامی ہوئی ہے کیونکہ یہ مفہوم لفظ سے کوسوں دور ہے۔

وکیل اختؔر کا دوسرا فصیح و بلیغ شعر ملاحظہ فرمائیے۔

کیا میؔر کے انداز اُنہیں بھائے کہ جن کو
برباد کیا ہو ہوسِ نغمہ گری نے

مصرعہ اولیٰ میں مصرعہ ثانی کا ناتمام ٹکڑا ''جن کو'' کس سلاست اور روانی سے نظم ہوا ہے اہلِ ذوق اس کا اندازہ لگائیں۔ اس مصرعہ میں دوسری خاص بات جو محل نظر ہے وہ ہے ''کہ'' کا استعمال۔ کیا یہ بھرتی کا نہیں؟ وزن کے پورا کرنے کے لئے یہاں ''کہ'' کے بے محل استعمال اور ''جن کو'' کے ناتمام ٹکڑے نے اس مصرعہ کے حسن کو غارت کر دیا ہے۔ لیکن ناطقؔی صاحب اگر اسے فصاحت کی زمین ہی سمجھنے پر مصر ہوں تو کیا کیا جائے۔

اب آیئے وکیل اختؔر کے اس معرکتہ الآرا شعر کا جائزہ لیں جس پر اعتراض کرنا ناطقؔی صاحب کو چراغ پا کر دینے کے مصداق ہے۔

اس شخص کے غم کا کوئی اندازہ لگائے
جس کو کبھی روتے ہوئے دیکھا نہ کسی نے

شعر بڑا پاکیزہ اور مفہوم نہایت بلیغ ہے۔ لیکن اگر مصرعہ اولیٰ میں ''شخص'' کی بجائے کوئی اور لفظ استعمال ہوا ہوتا تو ذوقِ شعری مجروح نہ ہوتا۔ ''شخص'' کے استعمال سے شعریت میں کمی آ گئی ہے۔ ویسے ''شخص'' کا استعمال غزل کے مزاج کے خلاف ہے۔ ناطقؔی صاحب جیسے نازک خیال

ناقد کو اس کی طرف توجہ ضرور کرنی تھی۔ اگر یہ مصرعہ یوں ہوتا ع

اس کے غمِ دل کا کوئی اندازہ لگائے

تو مفہوم میں وسعت پیدا ہوگئی ہوتی اور نقص بھی جاتا رہتا۔

دوسرا شعر جو بلاغت کا آسمان ہے ملاحظہ فرمایئے۔

اب ہم سے علاجِ غمِ دل ہو نہیں سکتا
یہ بات کہی ہے نگہِ چارہ گری نے

دوسرے مصرعہ میں ''نگہِ چارہ گری'' کا مفہوم ڈھونڈیئے اور سر دھنتے رہیے۔ ''نگہِ چارہ گری'' کے کیا معنی؟ ''نگہِ چارہ گر'' کہتے تو بات بھی تھی۔ چونکہ قافیہ یائے معروف کا متقاضی تھا، بڑھا دی اور شعر مکمّل کرلیا۔ مفہوم کے لئے قاری یا سامع اپنا سر پیٹتا رہے۔

اب وکیل اخترؔ کا وہ شعر سُنئے جسے ناطقیؔ صاحب نے حاصلِ غزل بتایا ہے اور جسے تمام شعروں میں سب سے زیادہ پسند فرمایا ہے۔

لاکھوں ہی در و بام نگاہوں میں سجا کر
اک شہر بسایا ہے مری در بدری نے

اگر اس شعر میں ''در بدری'' فاعل ہے تو اس کی ''نگاہ'' سمجھ میں نہیں آئی اور اگر نگاہ سے مراد شاعر خانہ خراب کی نگاہ ہے جو صحیح بھی ہے تو نگاہوں میں ظرفیت کہاں کہ ان میں شہر بسایا جائے۔ ہاں، حیطۂ چشم میں شہر کی تعمیر ممکن ہے۔ اس صورت میں نگاہوں کو معمار کہا جاسکتا ہے تعمیر نہیں اور اگر ''نگاہ'' سے شاعر نے آنکھ مراد لی ہے تو یہ صحیح نہیں ہے۔ سچ پوچھیے تو اس شعر میں نگاہ کو فاعل ہونا چاہئے اور مفہوم یوں ہونا چاہئے کہ عالم در بدری میں شاعر کی نگاہوں نے لاکھوں در و بام آنکھوں کے اندر سجا کر اک شہر بسایا ہے۔ لیکن شعر کی ساخت نے اس مفہوم کو اُلٹ دیا ہے جس سے شاعر کا عجز بیان ثابت ہے۔ مفہوم سے قطع نظر مصرعہ اولیٰ میں ''ہی'' کا استعمال نہ صرف بھرتی کا ہے بلکہ اس سے شعر کی لطافت مجروح ہوتی ہے۔

مقطع کا شعر ملاحظہ فرمایئے۔

کچھ لوگوں کو دنیا کی نظر کھا گئی اخترؔ
کچھ لوگوں کو برباد کیا خودنگری نے

''کچھ لوگوں، کچھ لوگوں'' کی تکرار سے شعر کس قدر بھدّا اور بوجھل ہوگیا ہے اہلِ ذوق اسے محسوس کیئے بغیر نہیں رہ سکتے ہیں۔اس پر بھی اس غزل کے بارے میں یہ محاکمہ کہ ہر مصرعہ فصاحت کی زمین اور ہر شعر بلاغت کا آسمان ہے اگر مبالغہ نہیں تو اور کیا ہے۔

اب آیئے اس سلسلے کی چوتھی اور آخری غزل کا جائزہ لیں جو جناب ناطقیؔ کے دوسرے چہیتے شاعر علقمہ شبلیؔ کی ہے اور جو انہیں ایک حد تک معائب سے پاک معلوم ہوتی ہے۔ مطلع ؎

مدھم سا دیا تک بھی جلایا نہ کسی نے
احساس بھی کیا چھین لیا تیرہ شبی نے

زبان کے رسیا جناب رضی ناطقیؔ کو اس مطلع کے مصرعہ اولیٰ میں زبان کی خامی نظر نہیں آئی۔ حالانکہ سامنے کی بات ہے۔اس مصرعہ میں ''تک بھی'' کا اجتماعی استعمال قطعی نادرست ہے۔''مدھم سا دیا'' کہہ کر شاعر یا تو صرف ''تک'' کا استعمال کرتا یا پھر ''بھی'' کا تو زبان و بیان کی خامی نہیں رہتی۔اگر یہ مصرعہ یوں ہوتا تو خامی دور ہو جاتی اور مصرعہ بھی خوب تر ہو جاتا ع

مدھم سا دیا بھی تو جلایا نہ کسی نے

شبلیؔ صاحب کے دوسرے شعر کو سمجھنے سے میں اپنے آپ کو عاجز پاتا ہوں۔پتہ نہیں اس میں کیا گورکھ دھندہ ہے۔شعر درج کر رہا ہوں۔ہوسکتا ہے اہلِ نظر کے شہپرِ فکر کی رسائی شاعر کی بلندئ تخیل کی آخری حد تک ہو جائے۔

ایک رند نے گو جرعۂ شیریں بھی نہ پایا
تیشہ تو زمانے کو دیا کوہ کنی نے

ناطقیؔ صاحب اس شعر کے ''ایک'' کو کاتب کی غلطی ٹھہرا کر شاعر کو درگزر کر دیتے ہیں جبکہ اسی ''ایک'' کے لئے انہوں نے مضطرؔ حیدری کو کیا کچھ نہیں کہا۔اسے ایک سنگین جرم ثابت کرنے کے لئے عروض کے اصولوں کا انبار لگا دیا۔

شبلی صاحب کا تیسرا شعر ملاحظہ فرمایئے۔

کیوں لغزشِ پا میری ملامت کا ہدف ہے
جینے کا سلیقہ بھی تو بخشا ہے اسی نے

اس شعر کا اندازِ بیان نہایت ناقص ہے۔ شاعر اظہارِ مدعا میں قطعی طور پر ناکام ہے۔ مصرعہ اولیٰ میں استفسار کے لہجے میں جو دعویٰ کیا گیا ہے اس کی شدّت ''ہے'' کے استعمال سے گھٹ گئی ہے۔ یہ محل ''ہو'' کے استعمال کا تھا ''ہے'' کا نہیں۔ مصرعہ ثانی کی دلیل بھی ایک ''تو'' کی کمی کے سبب کمزور ہو کر رہ گئی ہے۔ دوسرا مصرعہ ٹھوس دلیل کی فراہمی کے لئے ''اسی نے'' کے بعد ایک ''تو'' کا متقاضی ہے۔ شعر کی ساخت اگر یوں ہوتی ــ ''میری لغزشِ پا ملامت کا ہدف کیوں ہو، اسی نے تو مجھے جینے کا سلیقہ بخشا ہے'' تو مفہوم بھی صاف ہو جاتا اور زبان و بیان کی خامی بھی دور ہو جاتی۔

شبلی صاحب کا چوتھا شعر ملاحظہ فرمایئے۔

جن کو نہ جگہ دے سکی شہروں کی سڑک بھی
سینے سے لگایا انہیں گاؤں کی گلی نے

ناطقؔی صاحب نے اس شعر کی تنقید یوں فرمائی ہے: ''یہ شعر غزل کے معیار کے مطابق نہیں۔ اس میں نہ تو غزل کی زبان ہے اور نہ کوئی مضمون آفرینی۔''

حیرت اس بات پر ہے کہ ناطقؔی صاحب جیسا نکتہ رس نقّاد جو زبان و فن کی غلطیوں کو معاف کر دینے کے حق میں نہیں، اس شعر میں شاعر کی غلطی کی گرفت کیوں نہ کر سکا۔ اس شعر میں اصل بات جو محلِ نظر ہے وہ مصرعہ اولیٰ میں ''بھی'' کا استعمال ہے۔ اس ''بھی'' پر پورے شعر کا دار و مدار ہے۔ جن کو شہروں کی سڑک ''بھی'' جگہ نہ دے سکی انہیں گاؤں میں سڑک سے کچھ اونچے مقام پر جگہ ملتی تو گاؤں کی برتری ثابت ہو سکتی تھی۔ لیکن مصرعہ ثانی میں گاؤں کی گلی نے ہی انہیں سینے سے لگایا ہے جس کا معیار سڑک سے اونچا نہیں۔ اگر یہی کہنا تھا تو پہلے مصرعہ میں ''بھی'' کا بے مصرف استعمال کیوں کیا گیا۔ یہ مقصد تو بغیر ''بھی'' کے بھی تو پورا ہو سکتا تھا۔

علقمہ شبلی کے پانچویں شعر کو بھی ناطقی نے صاد سے نوازا ہے یعنی اپنے بے انتہا پسندیدگی کا اظہار کیا ہے۔ شعر ملاحظہ فرمایئے۔

مانا کہ نکل آئے ہو گرداب سے لیکن
ساحل پہ پہنچ کر بھی تو ڈوبے ہیں سفینے

ناطقی صاحب اس شعر کو غیر مردف نہیں سمجھتے جب کہ اسے جرم ٹھہرا کر اعزاز افضل کے شعروں پر خوب خوب دل کا غبار نکالا ہے۔ فن کی غلطیوں پر چیں بہ چیں ہو جانے والے نقّاد کے کانوں پر اس شعر کے مصرعہ ثانی میں ''ساحل پہ پہونچ'' کے ٹکڑے میں ''پہ پہ'' کے عیب تنافر سے جوں تک نہ رینگی۔ ناطقی صاحب کی تنقید کی کسوٹی بھی کیا کسوٹی ہے جسے چاہا کسا اور جسے چاہا چھوڑ دیا۔

چونکہ ناطقی صاحب کو اپنے اس بیان کی صداقت کا پاس رکھنا تھا کہ: ''علقمہ شبلی کی غزل وکیل اختر کے بعد کسی حد تک معائب سے پاک معلوم ہوتی ہے۔'' لہٰذا انہوں نے علقمہ شبلی کے چھٹے شعر میں ''تو'' کے عیب کو واضح کر دیا اور چند ہلکے پھلکے اعتراضات کر دیئے۔ شعر یوں ہے۔

ہر دَور میں تابندہ رہا عشق کا سورج
گو دھول اڑائی تو بہت بوالہوسی نے

مفہوم سپاٹ اور بے جان ہے۔ مزید برآں دوسرے مصرعہ میں ''تو'' کی نشست، جیسا کہ ناطقی صاحب نے بھی کہا ہے، درست نہیں۔

علقمہ شبلی کے مقطع کا شعر ہے۔

وہ زخم نہ منّت کشِ مرہم ہوئے شبلی
جو دل پہ لگائے کبھی لفظوں کی چھری نے

ناطقی صاحب کو اس شعر کے مصرعہ ثانی میں ''لفظوں کی چھری'' کا ٹکڑا تو ناپسند ہے لیکن ''کبھی'' کا استعمال ناپسند نہیں جس کا استعمال اس مصرعہ میں قطعی غیر ضروری ہے۔ اگر اس ''کبھی'' کو برخاست کر دیا جائے تو نفسِ مضمون پر کوئی اثر مرتب نہیں ہوتا۔ لہٰذا ایسوں کو محفلِ شعر

میں آنے کی اجازت ہی کیوں دی جائے جن کی نشست و برخاست سے محفل کو کوئی سروکار نہ ہو۔

مندرجہ بالا جائزے کی روشنی میں اہلِ نظر خود فیصلہ کریں۔ کیا ڈاکٹر رضی ناطقی نے تنقید میں جانبداری سے کام نہیں لیا؟ کیا ان کی تنقید میں دیانت داری مفقود نہیں؟ کیا ان کی تنقید سنجیدہ کہی جاسکتی ہے؟

☆☆

لو، آپ اپنے دام میں صیّاد آ گیا

بنگال کا اردو ادب اپنی یتیمی کا رونا روتے نہیں تھکتا۔ یہ اپنی جواں سالی اور خوبروئی کے ڈھنڈورے تو پیٹتا ہے لیکن اس کے حُسن و شباب کو قابل اعتنا نہیں سمجھا جاتا۔ ہماری سمجھ میں یہ بات نہیں آتی کہ بنگال کا اردو ادب آخر کس کی دستگیری کا محتاج ہے۔ دہلویّوں کی، لکھنویوں کی یا حیدرآبادیوں کی؟ اردو ادب کا پھیلاؤ تو مشرق سے مغرب اور شمال سے جنوب تک ہے۔ یہ کسی ایک خطّے، صوبے یا علاقے میں محصور نہیں۔ پھر یہ گلہ کس سے؟

شاعر اور ادیب ادب کے خالق ہوا کرتے ہیں۔ یہ اگر اپنے افکار و خیالات کی بلندیوں سے درخشاں ستارے اُتار کر لاتے ہیں تو جذبات و احساسات کی گہرائیوں سے آبدار موتی۔ لیکن اگر ادب کے یہ درخشاں ستارے ادبی شامیانوں میں قرینے سے ٹانکے نہیں گئے اور ادب کے یہ آبدار موتی ادبی شوکیسوں میں سلیقے سے سجا کر رکھے نہیں گئے تو پھر ادب کے شبستانوں میں ان کی تابندگی سے چکاچوند کیسے ہوگی، ادب کے جوہری ان کی قدر و قیمت کیوں کر متعین کر سکیں گے؟

ضرورت ہے ایسے اہلِ ہنر کی جو انہیں ہنر مندی سے ادب کے مشتریوں کی خدمت میں پیش کر سکیں۔ ستارے ایک مخصوص پس منظر ہی میں آنکھ مچولی کھیلتے ہیں اور ہیروں کی تابندگی متوازن تراش خراش کے بعد ہی آنکھوں کو خیرہ کرتی ہے۔ لہٰذا ضروری ہے کہ ادبی ستاروں کے لئے مناسب پس منظر فراہم کیا جائے اور ادب کے ہیرے موتیوں کی ضروری تراش خراش کی جائے

تا کہ ان کا حُسن و جمال اہلِ نظر کو رِجھا سکے۔ لیکن یہ کام کچھ بہت زیادہ آسان نہیں۔ اس کے لئے ماہرِ فن ہونا نہایت ضروری ہے۔ خوش سلیقگی ان کے جوہر نمایاں کردے گی لیکن اگر ان کی تزئین میں ذرا بھی بدسلیقگی ہوئی تو ان کی قدر و قیمت ریت کے معمولی ذرّات یا کنکر پتھر سے کچھ زیادہ نہیں ہوگی۔ ادب ہر کس و ناکس کے ہاتھوں میں قابلِ اعتنا نہیں سمجھا جاتا۔ ضروری ہے کہ شاہدِ حُسن کی مشاطگی کوئی ماہرِ فن کار، کوئی قدآور اہلِ قلم یا مخصوص ادبی اصطلاح میں کوئی سلجھے دماغ کا ناقد کرے۔ اور ناقد کا کام یہ ہے کہ وہ کسی تخلیق پر حکم لگانے سے پہلے اپنے آپ کو خالق کی دنیا میں پہونچائے اور اسی ماحول یا فضا میں اس کی فکری اور جذباتی تخلیق کا بہ نظرِ غائر مطالعہ کرے جس ماحول یا فضا میں رہ کر خالق نے ایک خاص کیفیت کے زیرِ اثر ادب پارہ کی تخلیق کی اور پھر یہ دیکھے کہ اس کی تخلیق داخلی اور خارجی عوامل سے کہاں تک ہم آہنگ ہے۔ بعد ازاں عصری معیارِ ادب کی روشنی میں ہر زاویۂ نگاہ سے پرکھنے کے بعد اس کی قدر و قیمت متعین کرے۔

فن کار کا فن ایک خام مواد کی حیثیت رکھتا ہے۔ جب تک اس کے خدوخال واضح نہیں ہوں گے اس کی قدر و قیمت متعین نہیں کی جاسکتی۔ اور فن کے خدوخال کا واضح کرنا، ان کے دھندلے نقوش کو احسن طریقے سے اُجاگر کرنا ہر فردِ بشر کے بس کی بات نہیں۔ اس کے لئے خاصی علمیت، لیاقت اور استعداد کی ضرورت ہے۔ استعدادِ علمی کے بغیر یہ کام بحُسن و خوبی انجام نہیں پاسکتا۔

اب سوال یہ ہے کہ کیا بنگال میں اردو کے ایسے لائق و فائق عالم نہیں جو اپنے زورِ قلم سے یہاں کے شاعروں اور ادیبوں کو اردو ادب میں ان کی تخلیقات کی روشنی میں ان کو جائز مقام دلا سکیں؟ اگر ہیں، تو وہ یہ کام کیوں نہیں کرتے؟ دوسروں کا دست نگر بنا رہنا انہیں کیوں پسند ہے؟ اور اگر نہیں، تو پھر یہ رونا دھونا کیسا؟ جب اپنی تخلیق دوسروں تک ڈھنگ سے پہونچانے کی صلاحیت نہیں تو پھر ناقدری کا گلہ کیسا؟

بنگال کا اردو ادب کسی طرح بھی غیر معیاری نہیں۔ یہ ہر دَور میں عصری تقاضے پورے کرتا رہا ہے اور آج بھی کر رہا ہے۔ پھر کیا وجہ ہے کہ اس کی تخلیقات اردو ادب میں قدر کی نگاہ سے

نہیں دیکھی جاتیں؟ وجہ بالکل سامنے ہے۔ اسے سچ پوچھئے تو ممتاز اہلِ قلم میسّر نہیں۔

آج بنگال میں اور خصوصاً کلکتہ میں اردو ادب کا یہ عالم ہے کہ جس نے بھی ذرا اردو لکھنا، پڑھنا اور بولنا سیکھ لیا یا کچھ اور ترقی کر کے تک بندی سیکھ لی وہ صفِ اوّل کا شاعر اور ادیب بن بیٹھا۔ جسے چاہا کلکتہ کا خوش فکر شاعر کہہ دیا، چاہے اس کی شاعری کو فکر سے کوئی علاقہ بھی نہ ہو۔ جسے چاہا بنگال کا نمائندہ شاعر قرار دے دیا، چاہے اس کی شاعری یکسر مہمل اور ناموزوں ہی کیوں نہ ہو۔ ہیڈ ماسٹر، پروفیسر، وکیل یا بیرسٹر ہونا خوش فکر یا خوش کلام شاعر ہونے کی دلیل نہیں۔ پتہ نہیں ان نام نہاد اور حیثیت فراموش قلم کاروں کو یہ حق کس نے دے دیا کہ وہ ہرایرے غیرے کو بنگال کے شعر وادب کی نمائندگی کا سرٹیفکٹ دیتے رہیں۔ اور سچ پوچھئے تو ع

اس گھر کو آگ لگ گئی گھر کے چراغ سے

کے مصداق غلط ہاتھوں سے بانٹی گئی یہی وہ غلط سندیں ہیں جنھوں نے بنگال کے اردو ادب کو نہ صرف رسوا کیا ہے بلکہ گمنامی میں ڈھکیل دیا۔ اگر کوئی کسی ایسے شاعر کو بنگال کی نمائندگی کی سند دیدے جس کی غزل مطلع سے مقطع تک داغ دار ہو، اور اپنی بد ذوقی اور کور چشمی سے وہ ایسے اشعار منتخب کر کے اس شاعر کا تعارف اردو ادب میں کرائے جن میں سرے سے شعریت ہی مفقود ہو تو اندازہ لگائیے کہ اس تعارف سے قارئین پر کیا اثر مرتب ہوگا۔ نمائندہ شاعروں کے یہ نمائندہ اشعار دیکھنے کے بعد کیا اہلِ نظر بنگال کے اردو ادب کو کوئی اہمیت دیں گے؟ ظاہر ہے نہیں۔ اور وہ ایسا کرنے میں حق بہ جانب بھی ہوں گے۔ پتھروں کی دوکان پر ہیروں کا بورڈ لگانے سے پتھر ہیرے نہیں بن جاتے۔ پتھر بہر حال پتھر رہیں گے، اور اگر ان پتھروں کی قطار میں اتفاق سے دو چار ہیرے بھی ہوں تو وہ بھی پتھر ہی شمار کیے جائیں گے، ہیرے نہیں۔

بنگال کے ایک ایسے ہی عالی مرتبت نمائندہ شاعر کا مطلع اور صرف مطلع ملاحظہ فرمائیے ع

منزل تو ڈھونڈتے ہو مگر یہ پتا نہیں
جس سمت تم چلے ہو اُدھر راستا نہیں

مندرجہ بالا مطلع کی وجہِ تولید یہ مصرعہ ہے ع

سب با خدا ہیں کوئی مگر نا خدا نہیں

حروفِ قوافی کم وبیش چھ ہیں جن میں حرفِ روی کو اہم ترین حیثیت حاصل ہے کیوں کہ قافیہ کی بنیاد اسی پر ہوتی ہے۔ قافیہ کے دیگر حروف قافیہ میں شامل ہوں نہ ہوں مگر حرفِ روی کا ہونا لازمی ہے۔

مصرعۂ طرح کا قافیہ اور اس کے ساتھ فراہم کردہ دیگر قوافی صرف حرفِ روی یعنی ''الف'' پر ہی مبنی ہیں۔ اس لئے شاعر کو قافیہ میں اسی ایک حرف کا التزام کرنا چاہئے۔ لیکن مندرجہ بالا مطلع میں شاعر نے اس اصول سے انحراف کیا ہے جو درست نہیں۔ ''پتا'' اور ''راستا'' مطلع کے قوافی نہیں ہو سکتے کیوں کہ شاعر نے ان میں ''الف'' کے ساتھ ''ت'' کا بھی التزام کر دیا ہے۔ یہ قافیے الگ الگ شعروں کے قوافی تو ہو سکتے ہیں مگر مطلع کے قوافی ہرگز نہیں ہو سکتے۔

دوسری خاص بات جو محلِ نظر ہے وہ ہے مصرعۂ ثانی میں لفظ ''اُدھر'' کا استعمال۔ چلنے والا جس سمت بھی چل رہا ہے راستہ پر ہی چل رہا ہے، جنگل یا بیابان میں نہیں۔ یہ اور بات ہے کہ وہ راستہ منزل کا راستہ نہ ہو۔ شاعر کہنا بھی یہی چاہتا ہے لیکن ''اُدھر'' کا استعمال نہ صرف اس مفہوم کی نفی کرتا ہے بلکہ یہ مفہوم پیدا کرتا ہے کہ جس سمت تم چلے ہو اُدھر سرے سے کوئی راستہ ہی نہیں جو بالکل غلط اور اور ناقابلِ فہم ہے اور جو شاعر کے عجزِ بیان پر دال ہے۔ ادائے مطلب کے لئے ''اُدھر'' کے بجائے شاعر کو ''وہ'' استعمال کرنا چاہئے تھا۔

یہ تو ہوا اس مطلع کا صوری عیب، ذرا معنوی خامی بھی ملاحظہ فرمایئے۔ مصرعہ اولیٰ میں ''منزل تو ڈھونڈتے ہو'' کا ٹکڑا ثابت کرتا ہے کہ راہی منزل کی جستجو میں ہے اور جو راہی ابھی جستجو کی منزل سے گزر رہا ہو اس کا غلط راستوں پر چلنا ہرگز باعثِ حیرت نہیں۔ راستہ راستہ پھرنے کے بعد ہی لاعلم راہی کو منزل کے صحیح راستے کا علم ہوتا ہے اور وہ اس پر چل کھڑا ہوتا ہے۔ لیکن شاعر مصرعہ اولیٰ کے دوسرے ٹکڑے میں ''مگر یہ پتا نہیں'' کہہ کر منزل کے متلاشی راہی پر طنز کرتا ہے اور پھر مصرعہ ثانی میں یہ کہہ کر کہ ''جس سمت تم چلے ہو اُدھر راستا نہیں'' اس کی لاعلمی کا مذاق اُڑاتا ہے۔ گویا شاعر کے خیال میں منزل کے ڈھونڈنے والے کو منزل اور اس کے راستے کا پتہ ہونا لازمی ہے، جو

بالکل لغو اور مہمل بات ہے۔ ایسے میں ڈھونڈنے والا منزل آشنا کب رہتا ہے، وہ تو منزل و جادہ آشنا ہو گیا۔ مفہوم کے تضاد نے اس مطلع کو بے معنی کر دیا ہے۔

غزل میں مطلع کی بڑی اہمیت ہوتی ہے کیوں کہ غزل کی کامیابی کا انحصار بڑی حد تک مطلع پر ہی ہوتا ہے۔ آغاز سے انجام کا پتہ لگایا جاتا ہے۔ لہٰذا اگر مطلع دلکش نہیں ہوا تو غزل کا قاری مطلع سے آگے بڑھنے کی بہت کم زحمت کرتا ہے۔ یہی وجہ ہے کہ شعراء مطلع کے سنوارنے میں سارا زور صرف کر دیتے ہیں۔ لیکن زیرِ بحث مطلع اس کلیہ کے بالکل برعکس ہے اور اس پر مستزاد یہ کہ یہی شاعر اپنی غزل کے آخری شعر میں یہ حکم بھی صادر فرماتا ہے ۔

وہ بھی ادیب و شاعر و ناقد ہے ان دنوں
شعر و ادب سے جس کا کوئی واسطا نہیں

ناظرین حضرات فیصلہ کریں کہ کیا اس شعر کے شاعر پر خود اسی کا قول صادق نہیں آتا؟ اور کیا ہم اس مضمون کا یہ عنوان ''لو، آپ اپنے دام میں صیّاد آ گیا'' قائم کرنے میں حق بہ جانب نہیں؟

☆☆

اپنی زبان دیکھ، ہماری زبان دیکھ

مورخہ ۲۶/اور ۲۷/دسمبر ۱۹۷۰ء کے ''آبشار'' میں فاسد مواد سے بھر پور ''ناک'' (نعیم اشفاق، کلکتہ) کی ناگوار چھینکیں سُنیں۔ چھینکنے والے کو شاید اس بات کا اندازہ ہو گیا تھا کہ ان کریہہ چھینکوں سے اس کی غیر معمولی لمبی ناک کٹ جائے گی اور وہ نکٹا ہو کر ساری عمر نکو بنا رہے گا، لہٰذا حفظ ماتقدم کے خیال سے اس نے ایک ناک (نعیم اشفاق، کلکتہ) عاریت لے لی تا کہ یہ کٹ بھی جائے تو اس کی اپنی ناک محفوظ رہے۔ لہٰذا ناک کے دونوں نتھنوں میں اپنی گندی کھوپڑی کی ساری غلاظتیں بھر کر اس نے اندھا دھند چھینکنا شروع کر دیا جس کی وجہ سے نتھرا ''آبشار'' بھی مغلظ ہو گیا۔ نتیجہ حسبِ اندازہ برآمد ہوا۔ چھینکتے ہی ناک کٹی بظاہر اپنی نہیں مانگے کی۔ لیکن کچھ ہستیاں ایسی بھی ہیں جن کی چھینکیں مخصوص انداز و آواز رکھتی ہیں۔ مذکورہ بالا چھینکنے والی ہستی بھی مستعار ناک سے چھینکنے کے باوجود اپنے مخصوص انداز کی وجہ سے ننگی ہو گئی اور ایسی ننگی ہوئی کہ اس کے سراپا کا کوڑھ عام اکراہ کا باعث ہو گیا۔

''از کوزه هماں بروں تراود که درا وست''

دراصل اس نیم ظاہر و نیم مستور ہستی کی دماغی ہانڈی کا موادِ فاسدہ ''نطقِ بیجا'' کے تیر نیم کش کی سوزش سے کھَول رہا تھا کہ ''لو، آپ اپنے دام میں صیّاد آ گیا'' کی ایندھن نے جلتی پر تیل کا کام کر دیا۔ انجام کار ہانڈی میں اُبال آ گیا، اور یہ اُبال اتنا سرکشانہ تھا کہ ناک کا سرپوش بھی اس کی

سرکوبی نہ کرسکا۔ اُبلتی ہوئی گندی جھاگ ریلتی ہوئی بہہ نکلی اوراس طرح ظرف ومظروف دونوں کی قلعی کھُل گئی۔

میاں نقاب پوش، ''ھرسخن موقع و ھر نقطه مقامی دارد'' آپ کی مسخرگی بےادبی کی حدود میں داخل ہوگئی ہے۔ آپ کی زبانِ نامبارک سے جومبتذل جملے نکلے ہیں اُن کی قدر کچھ نوٹنکی والے ہی کریں گے۔ لہٰذا میرا مخلصانہ مشورہ ہے کہ آپ ادب کی شاہراہ پراُفتاں وخیزاں چلنے کی بجائے نوٹنکی کی پگڈنڈی پر برق رفتاری سے گامزن ہورہئے خاطرخواہ قدر ہوگی۔

رَو مسخرگی پیشه کن ومطربی آموز
تا داد خود از کہتر و مہتر بستانی

آپ کے سطحی اور نامعقول مضمون کا جواب لکھنے کا میرا ارادہ نہ تھا۔ محض اس لئے لکھنے بیٹھ گیا کہ آپ کے چہرے سے نقاب اُٹھانا مقصود تھا۔ آپ نے اپنے مضمون میں شروع سے اخیر تک اپنی بدمزاجی اور بدمزگی کا مظاہرہ کچھ اِس عالمِ غیظ میں کیا ہے کہ آپ کے ہوش وہواس قائم نہیں رہے۔ آپ نے اپنی اصلّیت چھپانے کی لاکھ کوشش کی لیکن آپ کے مضمون کے بازاری لب ولہجہ سے وہ منظرِ عام پرآگئی۔ سچ ہے جس کی فطرت جیسی ہوتی ہے اس سے اسی قسم کے افعال سرزد ہوتے ہیں۔ آپ کی فطرت بھی اس کلّیہ سے مستثنیٰ نہیں۔

''ناک'' یعنی نعیم اشفاق، کلکتہ کے نام سے جو مریضانہ مضمون ''آبشار'' میں شائع ہوا ہے وہ بلاشبہ آپ ہی کے ضعفِ قلم کا نتیجہ ہے۔ مجھے یہ کہنے میں ذرا تامل نہیں کہ

یہ اچھی مضمون نگاریاں ہیں کہ غیر کی آڑ میں ہیں لکھتے
چلے تو ہیں ناچنے کو صاحب مگر ہیں گھونگھٹ میں منہ چھپا کر

(i) کیا آپ کے مضمون کے غضبناک تیور آپ کی زخم خوردگی کا روشن ثبوت نہیں؟

(ii) کیا لفظ ''Funny'' آپ کا تکیہ کلام نہیں اور کیا اس کا اعتراف ہراُس شخص کو نہیں جو آپ کے کچھ بھی قریب رہا ہے؟

(iii)اور کیا آپ کی غزل کے درج ذیل مطلع میں ؎

منزل تو ڈھونڈ تے ہو مگر یہ پتہ نہیں
جس سمت تم چلے ہو اُدھر راستہ نہیں

آپ کا کوئی ہوا خواہ تصرف یا اصلاح کی جسارت کر سکتا تھا؟ دورانِ مضمون جہاں کہیں یہ شعر نقل ہوا ہے اس کے دوسرے مصرعہ میں ''جس سمت تم چلے ہو'' کی بجائے ''تم جس طرف چلے ہو'' لکھا ہے۔ کیا اس سے یہ بات پایۂ ثبوت کو نہیں پہونچتی کہ ''ناک'' میں خود آپ کی روح سانس لے رہی ہے؟ آپ نے خود کو پوشیدہ رکھنے کی کوشش تو بہت کی لیکن ناکام رہے ؎

بہر رنگے کہ خواہی جامہ می پوش
من اندازِ قدت رامی شناسم

اگر آپ نے پردہ نہ کیا ہوتا اور مردانہ وار سامنے آئے ہوتے تو میں آپ کے خدوخال بے باکانہ واضح کرتا لیکن مجبوری ہے، بقول اعزاز افضل ؎

عکس اُبھرے تو بحثِ خدوخال ہو
آئینہ ذکرِ بے چہرگی کیا کرے

اب جب کہ مندرجہ بالا دلائل سے یہ ثابت ہے کہ ''کبڑے'' مضمون کے خالق خود آپ ہیں تو پھر آپ کے اس جملہ ''کسی بڑے شاعر کا نام بار بار لکھنا، اس کے کلام میں عیوب ڈھونڈنا وغیرہ ___ اور اس سلسلہ میں جناب حشم الرّمضان کا نام سرِ فہرست ہے۔'' میں اگر ''بڑے شاعر سے مُراد خود آپ کی ذات با مغلظات ہے اور ''بار بار'' سے مراد دو بار ہے (کیوں کہ میں نے دو ہی بار آپ کا ذکرِ خیر کیا ہے) تو یہ خودستائی نہایت نازیبا ہے۔ میؔر، غالبؔ اور اقبالؔ جیسے بڑے فن کاروں کے نام لے کر خود کو بڑا شاعر کہنا بڑے شاعروں کو منہ چڑانے کے مترادف ہے۔ آپ اور میؔر و غالبؔ کے منہ لگیں، نعوذ باللہ! کیا زمانہ آ گیا ہے۔ کہاں راجہ بھوج کہاں گنگو تیلی۔ ہاں، اتنا ضرور ہے کہ ''گرچہ کس کس خرابی سے'' کے باوجود گنگو تیلی کے لئے یہ بات کچھ کم باعث فخر نہیں کہ اُس کا نام راجہ بھوج کے نام کے ساتھ لیا جاتا ہے۔ لیکن یہ اپنے منہ میاں مٹھّو بننے سے کیا حاصل۔

مزہ تو جب تھا کہ کوئی دوسرا تعریف کرتا۔

"حظوظ نفس کرے یا بد چوں زن پستان خود مالد"

مولانا آزاد کالج میں پڑھی گئی آپ کی بلاغت نظام غزل تو پوسٹ مارٹم کے بعد دفن کر دی گئی تھی۔ پھر یہ گڑے مُردے اُکھاڑنے کی کیا سوجھی؟ کہیں آپ کی بیمار کھوپڑی میں یہ خیال خام تو نہیں کہ آپ کی لنگڑی دلیلوں سے آپ کی شاعری کی جاتی ہوئی ساکھ لوٹ آئے گی؟ اگر ایسا ہے تو میں کہوں گا کہ آپ احمقوں کی جنت میں ہیں۔ میرے اعتراضات اتنے وزن دار ہیں کہ آپ جیسے چھوئی موئی سے قیامت تک نہ اُٹھ سکیں گے۔ اگر اہل علم وفن سے ملنے کا اتفاق ہو تو اپنی فن کاری اور میرے اعتراضات پر تبادلۂ خیال کر لیجئے گا۔ مجھے یقین ہے اس طرح آپ کی خوش فہمی دور ہو جائے گی۔

جہاں تک "شخص" کا تعلق ہے اس کی ثقالت کا احساس غزل کے مزاج داں کو ہی ہو سکتا ہے۔ اس باریکی تک آپ جیسے متشاعر کے ذہن کی رسائی ممکن نہیں۔

زباں تو غنچوں کے بھی منہ میں ہے یہ کیا لازم
کہ جس کے منہ میں زباں ہو سخنوری جانے

خیال تو کیجئے کہ "شخص" کے تینوں حروف کتنے گاڑھے ہیں اور اِن تینوں کے شکنجہ میں جکڑ کر وہ خود کتنا گاڑھا ہو گیا ہے۔ اب آپ ہی بتایئے لیکن آپ کیا بتائیں گے کہ یہ نازک مزاج غزل کے مزاج کے مطابق کیوں کر ہے۔ میں نے کب کہا کہ "شخص" غزل میں استعمال ہوا ہی نہیں۔ ہاں، یہ ضرور ہے کہ شخص غزل کا لفظ نہیں۔ اگر آپ کو باور نہیں تو کسی فنکار سے پوچھ لیجئے۔ غزل میں الفاظ تو بہت سارے استعمال ہوئے ہیں لیکن یہ ضروری نہیں کہ وہ سب کے سب محض اس بنا پر غزل کے الفاظ کہلائیں کہ ان کا استعمال غزل میں کہیں نہ کہیں ضرور ہوا ہے۔ "اس فہم کے اس سمجھ کے قربان"۔ الفاظ بذات خود فصیح یا غیر فصیح نہیں ہوا کرتے۔ برمحل استعمال انہیں فصیح بناتا ہے اور بے محل غیر فصیح۔ آپ کے شعر میں "شخص" کا استعمال نہ صرف غیر فصیح ہے بلکہ بے محل بھی ہے۔ آپ اپنا شعر پھر پڑھئے۔

اس شخص کے غم کا کوئی اندازہ لگائے
جس کو کبھی روتے ہوئے دیکھا نہ کسی نے

اور اس ''شخص'' کو گولی مار دیجیے یعنی ساقط کر دیجیے پھر دیکھیے کہ مفہوم پورا ہو جاتا ہے یا نہیں۔ کیا یہاں ''شخص'' کا استعمال محض بھرتی کا نہیں؟ دوسری بات یہ ہے کہ مصرعۂ اولیٰ کی ضمیر ''اس'' خبر ''جس'' کی طرف پھرتی ہے۔ لہٰذا اس شعر کی نثر یوں ہوگی: ''جس کو کبھی کسی نے روتے ہوئے نہیں دیکھا، اُس کے غم کا کوئی اندازہ لگائے۔''

میاں، غم کا اندازہ لگانے کی بات تو اس وقت پیدا ہوتی ہے جب غم کا وجود ثابت ہو۔ جس کو کبھی روتے ہوئے نہیں دیکھا گیا، کیا ضروری ہے کہ وہ غم بھی رکھتا ہو؟ محض اس بنا پر کسی کے ضبطِ غم کا نتیجہ اخذ کرنا کہ اُسے روتے ہوئے نہیں دیکھا گیا، جاہلانہ منطق ہے۔ ایسی بات وہی کہہ سکتا ہے جو بے بہرہٗ وقوف ہو۔ میں نے اگر پہلے مصرعہ کو بدل کر ''اس کے غمِ دل کا کوئی اندازہ لگائے'' کر دیا تو کیا اس معمولی ترمیم سے اس میں بلاغت نہیں آ گئی؟ اس ترمیم سے نہ صرف غم کا وجود ثابت ہو گیا بلکہ بھرتی کا غیر فصیح لفظ ''شخص'' بھی نکل گیا۔ لیکن اس سمجھانے سے کیا حاصل ؎

جو منہ میں یار کے آتا ہے بک جاتا ہے اے آتشؔ
نہ اُلٹی ہی سمجھتا ہے نہ وہ رشکِ قمر سیدھی

ایک جگہ آپ فرماتے ہیں: ''جس شعر میں ابہام اور بلند خیالی ہو وہ اس کی سمجھ سے باہر ہے۔''

گویا آپ کا جو شعر میری سمجھ میں نہیں آیا اُس میں بقول آپ کے بلند خیالی ہے۔ آپ اور بلند خیالی! اجی، عقل کے ناخن لیجیے، یہ تو آپ کو چھو بھی نہیں گئی ؎

چہ نسبت خاک را بہ عالمِ پاک

اگر اپنی بلند خیالی کا آپ کو اتنا ہی دعویٰ ہے تو دلیل بھی دی ہوتی۔ محض دعویٰ کی کیا وقعت؟

عیوب سے بھرپور اپنے مضمون میں جگہ جگہ آپ نے واضح تشدید کے ساتھ لفظ ''فنّی'' استعمال کیا ہے اور اس کے پہلو بہ پہلو انگریزی کا لفظ Funny لکھ کر Pun یعنی ذو معنی بات پیدا کرنے کی کوشش کی ہے۔ حیرت ہے جو لفظ زمانۂ طالب علمی سے آپ کے وردِ زبان ہے آپ اس کے صحیح تلفّظ سے بھی واقف نہیں! گریبان میں منہ ڈال کر غور فرمایئے کہ جاہل کہلانے کا استحقاق کسے حاصل ہے۔ لیکن آپ گریبان میں کیوں منہ ڈالنے لگے، چکنا گھڑا جو ٹھہرے۔ شاید Funny کی ڈبل این سے آپ کو مغالطہ ہوا ہے اور آپ ہی کو کیا ہر little learner کو یہ مغالطہ ہوگا۔ خیر سے اب اس کے تلفّظ میں احتیاط برتئے اور ڈبل این کی بجائے سنگل این ہی تلفّظ میں لایئے۔ محض کتابی علم پر ہی اکتفانہ کیجئے، اہلِ علم کی صحبت سے بھی بہرہ ور ہونے کی کوشش کیجئے۔ اگر آپ نے میری نصیحت پر عمل کیا تو انشاءاللہ یہ معمولی لغزشیں دور ہوجائیں گی ؎

جہاں تک ہو بسر کر زندگی عالی خیالوں میں
بنا دیتا ہے کامل بیٹھنا صاحب کمالوں میں

لیکن آپ کی اکڑفوں بھلا کب یہ گوارہ کرے گی کہ آپ میرے صائب مشورہ پر کان دھریں۔

میں نے آپ کے اس مطلع میں ؎

منزل تو ڈھونڈتے ہو مگر یہ پتا نہیں
جس سمت تم چلے ہو اُدھر راستا نہیں

قافیہ کے جس عیب کی نشان دہی کی تھی اس کی صحت کے ثبوت میں آپ نے اپنے چمچوں کے فراہم کردہ استادوں کے کچھ مطلع پیش کیئے ہیں۔ لیکن مطلعوں کی اس فراہمی سے عیب شوئی کیوں کر ہوئی؟ جہاں تک فن کا تعلق ہے بڑے بڑے استادوں سے بھی فروگذاشتیں ہوئی ہیں۔ آپ نے مومنؔ، ذوقؔ اور دیگر اساتذہ کے جتنے بھی مطلعے پیش کیئے ہیں اُن میں وہی عیب ہے جو آپ کے مطلع میں ہے۔ کسی کے عیب دکھا کر اپنی عیب پوشی کرنا آپ کی منطق سے ممکن ہے جائز ہو دوسرے اسے ہرگز تسلیم نہیں کریں گے۔ عیب بہر حال عیب ہے چاہے وہ مومنؔ کے یہاں ہو یا کافر کے یہاں،

ذوقؔ کے یہاں ہو یا بدذوق کے یہاں۔ میر حسن کے مندرجہ ذیل مطلع میں ؎

فقط موتیوں کی پڑی پائے زیب
کہ جس کے قدم سے گہر پائے زیب

قافیہ کے اسی عیب کی نشاندہی کرتے ہوئے ایک مشہور نقاد لکھتا ہے: ''ایسی غلطی سوائے مبتدی کے کسی استاد کامل سے سرزد نہیں ہو سکتی'' اور اس مطلع ؎

کیا حق نے نبیوں کا سردار اُسے
بنایا نبوت کا حقدار اُسے

کے ذیل میں لکھتا ہے: ''اس شعر میں حق اور سر کا قافیہ بالکل غلط ہے۔ ایسی غلطی تو ایک نومشق سے بھی ناممکن ہے''۔

انیسؔ کے اس مطلع پر ؎

ہر سمت تھی سناں پہ سناں مثل خارزار
ہر صف میں تھی سپر پہ سپر مثل لالہ زار

نیاز فتحپوری نے فنّی تنقید کرتے ہوئے لکھا ہے: ''زار کلمۂ زاید ہے۔ اس کو حذف کر دینے کے بعد خار اور لالہ رہ جاتا ہے جو ہم قافیہ نہیں ہو سکتے''۔

مومنؔ کی ایک غزل کا مطلع ہے ؎

میں اگر آپ سے جاؤں تو قرار آ جائے
پر یہ ڈرتا ہوں کہ ایسا نہ ہو یار آ جائے

اور اس کا مقطع ہے ؎

حسن انجام کا مومنؔ مرے بارے ہے خیال
یعنی کہتا ہے وہ کافر کہ تو مارا جائے

مطلع میں تو قافیہ کا حرف روی ''ر'' ساکن ہے لیکن مقطع میں متحرک۔ یہ بھی قافیہ کا ایک

عیب ہے جسے غلو کہتے ہیں۔ یہی عیب حافظؔ کے مندرجہ ذیل شعر میں بھی ہے ۔

صلاح کار کجا و منِ خراب کجا

ببیں تفاوتِ رہ از کجاست تابکجا

پہلے مصرعہ میں خراب کی ''ب'' ساکن ہے اور دوسرے میں تاب کی ''ب'' متحرک۔

مندرجہ بالا دلائل کی روشنی میں بھی اگر آپ اس بات پر مصر ہوں کہ یہ لغزشیں نہیں بلکہ سندیں ہیں کیوں کہ بڑوں کے یہاں پائی جاتی ہیں تو پھر آپ کے حال پر خدا ہی رحم فرمائے۔

آپ نے ایڑی چوٹی کا زور لگا دیا تا کہ آپ کی غزل کا مطلع کسی طور پر بامفہوم ہو جائے لیکن افسوس صد افسوس! ع

مرض بڑھتا گیا جوں جوں دوا کی

بوکھلاہٹ کے عالم میں آپ نے اوٹ پٹانگ باتیں کرنا اور اول جلول بکنا شروع کر دیا۔ انجام کار آپ کی لاطائل بحثوں اور لنگڑی دلیلوں سے یہ شعر بنتا تو کیا اور بگڑ گیا ع

تب تو اک صورت بھی تھی اب صاف ویرانہ کیا

ویسے بھی یہ شعر بالکل پھس پھسا ہے۔ نہ فکر و نظر سے اس کا کوئی علاقہ ہے اور نہ ہی زبان و بیان سے۔ اس شعر پر مزید بحث فضول ہے۔

سابق ''میاں نقاب پوش'' والحال ''میاں بے نقاب'' (ابھی تو آپ شعری میدان ہی میں لنگڑا رہے ہیں، یہ تیز رفتار نثری گھوڑے کی لگام تھامنے کی نادانی آپ سے کیوں کر سرزد ہوئی؟ اگر ٹھوکریں کھانے سے ہی آپ کی عاقبت سنورتی ہو تو شوق سے کھایئے۔

آپ فرماتے ہیں: ''بڑے فن کاروں کو عالمی سطح پر بانٹا گیا ہے۔ پہلا گروہ ایسے فن کاروں کا ہے جو فنی لوازمات کے تابع ہو کر تخلیق کرتے ہیں۔ دوسرا گروہ ان فنکاروں کا ہے جن کے تابع خود فنی لوازمات ہوتے ہیں۔''

سبحان اللہ، کیا اسلوبِ بیان ہے۔ اگر بڑے فنکاروں کو عالمی سطح پر بانٹا گیا ہے تو کیا چھوٹے فنکاروں کو گھریلو سطح پر بانٹا گیا ہے؟ اور محض یہ پہلا اور دوسرا گروہ ہی کیوں لکھا گیا تیسرا اور

چوتھا بھی کیوں نہیں؟ اگر دو ہی گروہوں کی تخصیص مقصود تھی تو یہ جملہ یوں لکھنا چاہئے تھا: ''بڑے فن کار عالمی سطح پر دو گروہوں میں بانٹے گئے ہیں۔ پہلا گروہ ایسے فنکاروں کا ہے جو فنی لوازمات کے تابع ہوتے ہیں (''تابع ہو کر تخلیق کرتے ہیں'' نہیں) اور دوسرا گروہ اُن فنکاروں کا ہے جن کے تابع خود فنی لوازمات ہوتے ہیں۔

آپ فرماتے ہیں: ''محض فنی لوازمات اور زبان و بیان کے اعتبار سے میرؔ، غالبؔ، اقبالؔ سے لے کر جوشؔ، فراقؔ، فیضؔ، پرویز شاہدی اور ہوشؔ تک کے یہاں ایسے کتنے گوشے ملتے ہیں جن پر انگشت نمائی کی جاسکتی ہے۔''

واہ واہ! کیا شگفتہ جملہ عنایت کیا ہے۔ اور حضرت! یہ ''فنّی لوازمات کے اعتبار سے'' کیا معنی ہوئے؟ لکھنا تو چاہئے ''فن اور زبان و بیان کے اعتبار سے'' مگر کوڑھ مغزی کے سبب لکھ گئے کچھ۔ اور یہ ''لے کر'' کیا بلا ہے؟ یہ تو جاہلوں کی زبان سے سُنا جاتا ہے۔ آپ جیسے متبحر عالم کے یہاں اس کا گزر کیوں کر ہوا؟ آپ کا یہ جملہ اوّل تا آخر اونٹ کی طرح ہے جس کی کوئی کل سیدھی نہیں۔ جملہ میں تک کے استعمال سے تو یہی معلوم ہوتا ہے کہ آپ نے میرؔ سے ہوشؔ تک کا زمانہ مراد لیا ہے۔ اگر ایسا ہے تو فرداً فرداً نام لینے کی کیا ضرورت تھی، اور وہ بھی اس طرح کہ پہلے تین ناموں کا تعلق تو تین مختلف ادوار سے ہے جب کہ دوسرے پانچ ناموں کا ایک ہی دَور سے۔ میرؔ سے ہوشؔ تک کہنا کافی تھا۔ زبان و بیان کا تقاضہ تو یہ ہے کہ ''تک'' اور ''کے بیچ ''سبھوں'' لازمی طور پر استعمال کیا جائے ورنہ مفہوم واضح نہ ہو سکے گا، لیکن آپ نے ایسا نہیں کیا۔ ''کتنے گوشے ملتے ہیں'' کی جگہ ''کتنے ہی گوشے ملتے ہیں'' لکھنا چاہئے، یا اگر ان موسوم شخصیتوں سے انہیں کی تخصیص مقصود ہے تو اس جملہ میں ''تک'' کا استعمال نہایت غلط جگہ ہوا ہے۔

ایسی صورت میں اس جملہ سے ''لے کر'' خارج کر دینا ہوگا اور ناموں کی ترتیب بھی اُلٹ دینا ہوگی۔ جملہ یوں لکھا جائے گا: فن اور زبان و بیان کے اعتبار سے ہوشؔ، پرویزؔ، فراقؔ اور جوشؔ تو کیا اقبالؔ، غالبؔ اور میرؔ تک کے یہاں ایسے کتنے ہی گوشے...''

اب شاید ''تک'' کا مفہوم آپ کی سمجھ میں آگیا ہوگا۔ اور اگر اب بھی سمجھ میں نہ آیا ہو تو

اپنی کھوپڑی کا آپریشن جلد سے جلد کرا لیجئے ورنہ ہوسکتا ہے آپ پاگل خانے پہنچا دیئے جائیں۔ ایسا بے معنی اور ناہموار جملہ لکھنا کہاں کی شانِ فصاحت ہے؟

آپ فرماتے ہیں: ''محض روایتی اصولوں کے نہیں برتنے پر ان مذکورہ بالا لوگوں کی شخصیت اور شاعرانہ عظمت سے انکار کرنے والا کتنا بڑا احمق ہوسکتا ہے''۔ اللہ اللہ، کیا عالمانہ استدلال اور کیا پاکیزہ زبان ہے۔ ارے میاں، سب سے بڑے احمق تو آپ ہیں کہ ''ان مذکورہ بالا'' کہتے ہیں۔ مذکورہ بالا کہہ دیا تو پھر ''ان'' کہنے کی کیا ضرورت تھی۔ دیکھئے اہلِ قلم یہ جملہ یوں لکھیں گے: ''محض روایتی اصول نہ برتنے کی وجہ سے مذکورہ...''

آپ فرماتے ہیں: ''لیکن ادب وہ فن ہے جو کسی کی ملکیت نہیں'' تو کیا دیگر فنون کسی کی ملکیت ہیں؟ ظاہر ہے، نہیں، تو پھر ''ادب وہ فن ہے'' لکھنے کا کیا تک۔ یہ جملہ آپ کو یوں لکھنا چاہئے: ''لیکن فنِ ادب کسی کی ملکیت نہیں۔''

ایک جگہ آپ فرماتے ہیں: ''کلکتہ کے ایک دو حضرات نے اپنا یہ مسلک بنالیا ہے کہ جیسے بھی اپنی ادبی صلاحیت کا لوگوں سے اعتراف کروا کے ہی دم لیں گے۔'' جب کہ یہ جملہ یوں ہونا چاہئے: ''...کہ جیسے بھی ہو لوگوں سے اپنی ادبی صلاحیت کا اعتراف کرا کے ہی دم لیں گے۔''

دوسری جگہ آپ فرماتے ہیں: ''کلکتہ بلکہ بنگال میں لکھنے والوں کے فقدان کا ذکر کر کے یہ باور کرانا کہ بس اگر کوئی کچھ کر رہا ہے تو میں ہی وہ شخص واحد ہوں۔'' اس جملے میں ''بس اگر'' کیا بلا ہے؟ آپ یا تو صرف ''بس'' استعمال کیجئے اور یا ''اگر''۔ یہاں دونوں کا یک جا استعمال بالکل غلط ہے۔ اس جملہ میں آپ سے دوسری فاش غلطی یہ سرزد ہوئی ہے کہ آپ نے اپنے اگلے جملہ میں ''ایک دو حضرات'' کا تذکرہ صیغۂ جمع غائب میں کیا ہے جب کہ دوسرے جملہ میں آپ نے انہیں واحد متکلم کر دیا ہے۔ ان دو متعلقہ جملوں میں شتر گربہ کا عیب ہے۔ لیکن آپ شتر گربہ کیا جانیں۔ آپ تو اپنی علمیت کے زعم میں اسے اونٹ بلّی ہی سمجھیں گے۔

آپ فرماتے ہیں: ''اگر کوئی کام سلیقے سے کیا جائے تو اگر وہ غلط بھی ہو تو بات بن جاتی ہے۔'' سبحان اللہ، کیا سلیس جملہ ارشاد فرمایا ہے۔ قلم پکڑنا آتا نہیں، لکھنے چلے مضمون۔ دیکھئے لکھنے

والے یہ جملہ یوں لکھیں گے: ”غلط کام بھی اگر سلیقے سے کیا جائے تو بات بن جاتی ہے۔“

آپ فرماتے ہیں: ”موصوف کچھ اس ڈھنگ سے اور مضحکہ خیز انداز میں یہ کام کر رہے ہیں۔“ مضحکہ خیز سے قبل ”اس“ کے استعمال کے بغیر جملہ مضحکہ خیز ہو گیا ہے۔

آپ فرماتے ہیں: ”اِس سے اُنہیں شہرت تو کیا البتہ اُن کی جہالت پکّی سیاہی کے حوالے ہو رہی ہے۔“ قارئین کرام خود غور کریں کہ کس کی جہالت پکّی سیاہی کے حوالے ہوئی ہے۔ ”اس سے انہیں شہرت تو کیا“ اس دُم بریدہ جملہ کے کیا معنی؟ لکھنا چاہئے تھا: ”اس سے انہیں شہرت تو کیا ملے گی...“

آپ فرماتے ہیں: ”ایسے شخص کو تو بس ُریل آتی ہے ریل جاتی ہے، قسم کی شاعری کر کے خوش ہو لینا چاہئے یا پھر زیادہ سے زیادہ اس قسم کی نظمیں کہہ لیں۔“

کیا رواں دواں جملہ ہے۔ ایک جگہ ”چاہئے“ لکھ رہے ہیں تو دوسری جگہ ”کہہ لیں“۔ ”ایسے شخص کو......اس قسم کی نظمیں کہہ لیں۔“ واہ بھئی واہ، آپ نے تو قلم توڑ دیا ہے محاورۃً نہیں حقیقتاً۔ شکر کیجئے ”قلم توڑ“ اتفاق کا کہ اس نے آپ کو مزید کچھ لکھنے سے باز رکھا۔

آپ فرماتے ہیں: ”مدیر آبشار نے چار غزلوں کے عنوان سے ....غزلیں شائع کیں“۔ ”آبشار“ آپ نے کن آنکھوں سے دیکھا کہ عنوان ”چار غزلوں“ نظر آیا؟ لکھنا چاہئے ”چار غزلیں“ کے عنوان سے، تو آپ نے لکھ دیا ”چار غزلوں“ کے عنوان سے۔ ممکن ہے اظہار کا فرق آپ کی سمجھ میں نہ آیا اور آتا بھی کیسے، آپ کو علم بھی تو بقدر ظرف ہی ملا ہوگا۔

آپ فرماتے ہیں: ”بس اب کیا تھا موصوف نے بھی دیکھا چلو اچھا موقع ہے۔“ میں دیکھ رہا ہوں کہ آپ کی زبان ”بعد اب“ ”بس اگر“ اور ”بس اب“ کی بیماری میں مبتلا ہے۔ کسی ایک سے پرہیز کیجئے انشاءاللہ زبان کو صحت ہوگی۔ اسی جملہ میں ”دیکھا“ کے بعد ”چلو“ استعمال کر کے آپ نے زبان دانی کا روشن ثبوت پیش کیا ہے۔ خدا کے بندے، اگر ”دیکھا“ کہا تو ”چلو“ کہنے کا کون سا محل تھا؟ ہاں، اگر ”دیکھا“ کی جگہ ”سوچا“ کہا ہوتا تو ”چلو“ کا استعمال بالکل درست تھا۔ لیکن آپ یہ سب کیا جانیں۔

آپ فرماتے ہیں: ''جناب وکیل اختر کی غزل کا ایک شعر تھا''۔ گویا اب نہیں ہے، اور سچ پوچھئے تو رہنا بھی نہیں چاہئے کیوں کہ اس کی تو دُرگت بن چکی ہے۔

آپ فرماتے ہیں: ''غالبؔ نے اپنے درجنوں اشعار میں شخص کا استعمال کیا ہے۔'' حالانکہ لکھنا چاہئے: 'غالبؔ نے اپنے درجنوں اشعار میں ''شخص'' استعمال کیا ہے۔'

آپ فرماتے ہیں: ''نیاز فتحپوری نے ایک مرتبہ ''نگار'' میں 'جوشؔ کی شاعرانہ لغزشیں' کے عنوان سے ایک سلسلہ شروع کیا اور جوشؔ کے مختلف شعروں پر ہر طرح کے اعتراضات وارد کر دیئے۔'' حالانکہ ''ایک سلسلہ'' کی جگہ ''ایک تنقیدی سلسلہ'' اور ''ہر طرح'' کی جگہ ''طرح طرح'' کہنا چاہئے۔

آپ فرماتے ہیں: ''مہینوں تک یہ سلسلہ جاری رہا۔'' یہاں ''تک'' کے استعمال کا تُک سمجھ میں نہیں آیا۔

آپ فرماتے ہیں: '' آیئے اب اس مطلع پر موصوف نے جو فنی تنقید کی ہے اسے بھی ملاحظہ فرمایئے۔'' حالانکہ لکھنا چاہئے ''اس مطلع پر موصوف نے جو فنی تنقید کی ہے آیئے اب اُسے بھی ملاحظہ فرمایئے۔''

آپ فرماتے ہیں: ''لیکن ہوا یہ ہے کہ اس کتاب کا اگلا صفحہ پھٹا ہوا ہوگا۔ نتیجتاً انجام جو ہونا چاہئے تھا سو سامنے ہے۔''

اس جملہ میں صرف ونحو کی جاہلانہ غلطی ہے۔ ''لیکن ہوا یہ ہے'' سے یقین کا اظہار ہوتا ہے، پھر متعلقہ خبر ''صفحہ پھٹا ہوا ہوگا'' احتمالی کیوں ہوگئی؟ اور یہ ''نتیجتاً انجام'' کیا بلا ہے؟ کیا نتیجہ اور انجام دو مختلف باتیں ہوئیں؟ دیکھئے یہ جملہ یوں لکھنا تھا: ''لیکن ہوا یہ ہوگا کہ اس کتاب کا اگلا صفحہ پھٹا ہوگا نتیجتاً جو ہونا چاہئے تھا سو ہوا۔''

آپ فرماتے ہیں: ''چونکہ 'پتا' اور 'راستا' میں 'ت' کی تکرار سے موصوف نے سمجھ لیا کہ پوری غزل میں اس کا التزام ہونا چاہئے تھا اور چونکہ ایسا نہیں ہے اس لئے مطلع غلط ہے''۔

خدارا، ''چونکہ'' کے بے محل استعمال سے چونکئے اور اس جملہ کی ٹیڑھی کلیں اس طرح

سیدھی کر لیجئے: 'پتا اور راستا' میں 'ت' کی تکرار سے موصوف نے سمجھ لیا کہ پوری غزل میں اس کا التزام ہے اور چونکہ ایسا نہیں ہے اس لئے ان کے خیال میں مطلع غلط ہے۔

آپ فرماتے ہیں: ''لیکن حیرت ہے کہ اساتذہ کے یہاں بھی بکثرت یہ باتیں پائی جاتی ہیں۔'' سیاق عبارت سے تو پتہ چلتا ہے کہ تذکرہ صرف ایک بات یا عیب کا ہے، پھر'' بکثرت یہ باتیں پائی جاتی ہیں'' کے کیا معنی؟ دیکھئے یہ جملہ یوں لکھنا چاہئے: ''لیکن حیرت ہے کہ اساتذہ کے یہاں بھی یہ بات بکثرت پائی جاتی ہے۔''

آپ فرماتے ہیں: ''لیکن ذوقؔ و مومنؔ جن پر آج تک کسی نے بھی فنی اصولوں سے انحراف کا الزام نہیں لگایا ان کے یہاں ــــ یہ کیوں؟''

کیوں صاحب؟ یہ ''لیکن ذوقؔ و مومنؔ جن پر آج تک کسی نے بھی فنی اصولوں سے انحراف کا الزام نہیں لگایا ان کے یہاں ــــ یہ کیوں؟'' کی فصاحت زبان حال سے کیا کہہ رہی ہے؟ دیکھئے یہ جملہ یوں لکھا جائے گا: ''لیکن ذوقؔ اور مومنؔ کے یہاں یہ عیب کیوں ہے؟ ان پر تو آج تک کسی نے فنی اصول سے انحراف کا الزام نہیں لگایا۔

ایک جگہ آپ فرماتے ہیں: ''ذوقؔ کی ایک غزل ہے'' اور دوسری جگہ فرماتے ہیں'' ذوقؔ کی دوسری غزل کے قوافی ہیں۔'' حالانکہ آپ کو کہنا چاہئے'' ذوقؔ کی ایک دوسری غزل کے قوافی ہیں۔'' کیوں کہ یہ غزل سلسلے کی دوسری غزل نہیں۔

آپ فرماتے ہیں: ''اس مطلع میں قافیے کا حرف روی ''س'' ہے لیکن ''قفس'' اور ''نفس'' میں ''ف'' کی تکرار ہے لیکن شاعر نے غزل کے کسی اور قافیے میں ''ف'' کا التزام نہیں کیا ہے۔''

''لیکن ــــ لیکن'' کرنے کے باوجود آپ کے اس جملہ کی چول ڈھیلی ہی رہی۔ دیکھئے اس کی چول یوں بیٹھے گی: 'اس مطلع میں قافیے کا حرف روی ''س'' ہے لیکن ''قفس'' اور ''نفس'' میں مزید ایک ''ف'' کی تکرار بھی ہے جب کہ شاعر نے غزل کے کسی اور قافیے میں اس ''ف'' کا التزام نہیں کیا۔'

آپ فرماتے ہیں: ''آخر میں مومن کی غزل کا وہ مطلع بھی پیش کیا جا سکتا ہے جس کا

مشہور مقطع موصوف پر پوری طرح صادق آتا ہے۔"

سچ کہیئے، یہ "جس" کی ضمیر کس کے گرد پھر رہی ہے؟ سیاق کلام سے تو یہی معلوم ہوتا ہے کہ اس کا رُخ مطلع کی طرف ہے۔ اگر ایسا ہے تو "مطلع کا مقطع" کیا معنی؟ لیکن آپ کا مافی الضمیر کچھ اور ہے۔ آپ نے اسے "غزل" سے متعلق کرنا چاہا ہے لیکن افسوس کہ آپ عجزِ بیان کا شکار ہو کر رہ گئے۔

آپ فرماتے ہیں: "موصوف کی اِس فنی تنقید کے بعد اب اُن کی شعر فہمی سے لطف اُٹھائیے۔" بہتر یہ ہے کہ آپ "بعد" کے بعد "اب" کے استعمال سے باز آجائیے۔

آپ فرماتے ہیں: "واقعی شاعر یہی کہہ رہا ہے۔"

کیوں جی، یہ "واقعی شاعر" کون سا شاعر ہوتا ہے؟ کہنا چاہیئے "شاعر واقعی یہی کہہ رہا ہے۔" لیکن آپ کی ٹیڑھی میڑھی ناہموار زبان سیدھی بات کیوں کہے؟

آپ کے اس چند سطری مضمونچہ میں جہاں کہیں کتابت کی سہو کا گمان گزرا ہے میں نے اسے نظر انداز کر دیا ہے۔ صَرف ونحو کے اعتبار سے آپ کے اس مضمونچہ میں چھوٹے بڑے بے شمار اسقام ہیں۔ اگر سب کی گرفت کی جائے تو مضمون ضرورت سے زیادہ طویل ہو جاتا۔ لہٰذا میں نے صرف انہیں غلطیوں کی نشاندہی کی ہے جو فاش تھیں۔

دیکھا نثر کا میدان کتنا سنگلاخ ہے۔ شمار کیجئے آپ نے اس میدان میں کتنی ٹھوکریں کھائی ہیں۔ ہاتھ پاؤں کی سلامتی منظور ہو تو میری فہمائش پر عمل کیجئے اور آئندہ بھولے سے بھی اس طرف کا رُخ نہ کیجئے۔

☆☆

غالب اور توارد

مبر گمان توارد یقین شناس که د زد
متاع من ز نہا نخانۂ ازل بُرد ست

ہر چند کہ توارد کے متعلق مرزا غالبؔ کا نقطۂ نظر یہ تھا کہ اگر پس رو شاعر اپنے پیش رو سے مضمون آفرینی اور اسلوب بیان میں سبقت لے جائے تو اس کے لئے یہ بڑے فخر کی بات ہوگی، خود یہ گوارہ نہیں کرتے تھے کہ انہیں توارد کا مرتکب سمجھا جائے۔ اس بیان کی صداقت میں مرزا کا مندرجہ بالا شعر پیش کیا جا سکتا ہے۔ ''توارد'' کا ارتکاب دانستہ نہیں ہوتا۔ انسانی جذبات و تاثرات کم وبیش مشترک اور ایک سے ہوتے ہیں۔ لہٰذا ایک ہی مضمون یا خیال کا مختلف افراد کے ذہن میں پیدا ہونا بعید از امکان نہیں۔ خیال کی یکسانیت تو ممکن ہے لیکن ہر شاعر کا پیرایۂ اظہار مثلاً لب ولہجہ، اسلوب اور انداز وغیرہ یقیناً مختلف ہوگا۔ لیکن غالبؔ اس جیتی جاگتی حقیقت کے منکر نظر آتے ہیں۔ اس سے ان کی خودداری اور انا مجروح ہوتی ہے۔ مرزا روشِ عام پر چلنا اپنی انفرادیت کے منافی خیال کرتے ہیں۔ چہ جائیکہ انہیں کسی کا مرہونِ منّت قرار دیا جائے۔ انہوں نے اپنی راہ الگ ہٹ کر بنائی تھی۔ ایسے میں کسی مضمون کے سرقہ کا الزام عائد کرنے پر ان کا بھڑک اُٹھنا عین فطرت کے مطابق ہے۔ ممکن ہے مرزا پر کسی نے توارد یا سرقات شعری کے الزامات عائد کئے ہوں اور مرزا نے مندرجہ بالا شعر اپنی صفائی اور برأت میں پیش کیا ہو۔ مرزا کا کہنا ہے کہ اگر مضمون میں کسی سے توافق پیدا ہو گیا ہے تو اسے توارد مت سمجھ اور یقین کر کہ چور نے میری یہ دولت جو نہا نخانۂ

ازل میں محفوظ تھی چوری کر لی ہے۔

اس دلیل سے غالبؔ اپنے آپ کو توارد کے الزام سے بری الذمہ قرار دیتے ہوئے اس شاعر کو مجرم ٹھہراتے ہیں جس نے ان سے پہلے ان کے مضمون کو نہانخانۂ ازل سے چرالیا تھا۔لیکن غالبؔ نے یہاں حقیقت بیانی کے بجائے شاعرانہ استدلال سے کام لیا ہے۔''توارد'' کوئی عیب نہیں۔ یہ ہر دَور کے شعراء میں عام طور سے پایا جاتا ہے۔سرقہ باعثِ ننگ ہوسکتا ہے لیکن سرقہ اور توارد میں زمین آسمان کا فرق ہے۔

استفادہ، تتّبع ،تصرّ ف، توارد اور سرقہ عام طور سے ایک ہی قبیل کے الفاظ سمجھے جاتے ہیں۔لیکن مفہوم کے اعتبار سے ان میں بڑا فرق ہے۔استفادہ کے معنی ہیں فائدہ اُٹھانا یا مدد لینا،تتّبع کے معنی ہیں تقلید یا پیروی، تصرف کے معنی ہیں تغیّر وتبدل یا حذف واضافہ،توارد کے معنی ہیں مضمون کی یکسانیت اور سرقہ کے معنی چوری کے ہیں۔ان میں قبیح صرف سرقہ ہے۔ استفادہ، تتّبع اور تصرّ ف سے تقریباً تمام شعراء نے کام لیا ہے۔توارد سب کے یہاں کم وبیش پایا جاتا ہے۔ اگر مضامین، تراکیب اور اسالیب کے اشتراک کو سرقہ قرار دیا جائے تو متاخرین شعراء کا کلام یکسر سرقہ قرار پائے گا۔ خود متقدمین اور متوسطین شعراء کے یہاں بھی استعارے، تشبیہیں، مضامین، محاورے اور الفاظ وغیرہ مشترک ملیں گے۔اب اگر میزانِ شعر انہیں ہی قرار دیں تو اردو شاعری کا حشر معلوم۔شعر وسخن کا سارا سرمایہ مالِ مسروقہ قرار پائے گا۔

اردو اور فارسی کے مشاہیر شعراء کے یہاں مضمون، اسلوب، نظریہ، ترکیب اور محاورہ وغیرہ کا اشتراک بکثرت پایا جاتا ہے۔ ہر شاعر اپنی شاعری کے ہر دَور میں کسی نہ کسی پیش رو یا معاصر شاعر سے صرف متاثر ہی نہیں ہوتا بلکہ حسب ضرورت کسب فیض بھی کرتا ہے۔ چنانچہ مندرجہ ذیل مثالوں میں ہم دیکھیں گے کہ بعض مستند اساتذہ استفادہ اور تتّبع میں کس حد تک بڑھ گئے ہیں۔

مثلاً نظامی گنجوی:

غافلی از قدر جوانی که چیست
تانه شوی پیرندانی که چیست

(تو جوانی کی قدر و قیمت سے ابھی غافل ہے۔اس وقت تک تو اسے سمجھ نہیں سکے گا جب تک کہ تو بوڑھا نہ ہوجائے۔)

خسرو: پیر شناسد کہ جوانی چہ بود
تانہ شوی پیرندانی چہ بود

(بوڑھا پہچانتا ہے کہ جوانی کیا تھی۔جوانی کا علم تجھے اس وقت تک نہیں ہوگا جب تک کہ تو بوڑھا نہ ہوجائے۔)

خواجو: گر شدیم از بادہ بدنامِ جہاں تدبیر چیست
ہم چنیں رفت است از روز ازل تقدیر ما

(اگر شراب کے سبب ہم دنیا میں بدنام ہوئے تو اس کا کیا علاج؟ روز ازل سے ایسا ہی ہونا ہماری تقدیر ہے۔)

حافظ: در خرابات مغاں ما نیزھم دستاں شدیم
کایں چنیں رفت است از روز ازل تقدیر ما

(ہم خود شرابیوں کے شریک ہوگئے اور اس لئے کہ روزِ ازل سے یہ ہماری تقدیر تھی)

قلی سلیم: چوں کشم بارِ گرانِ غم دوری کز ضعف
نگہِ خود نتوانم زرخت بردارم

(غمِ فراق کا میں بوجھ کیسے اُٹھاؤں جب کہ میں نقاہت کے سبب اپنی نظر تک تیرے چہرے سے نہیں ہٹا پاتا)

کلیم: زنا توانئ خود ایں قدر خبر دارم
کہ از رخِت نتوانم کہ دیدہ بردرام

(مجھے اپنی ناتوانی کا اس قدر علم ضرور ہے کہ اگر میں تیرے چہرے سے اپنی نظر ہٹانا چاہوں تو ہٹا نہیں سکتا)

سعدی: اگر دشنام فرمائی وگر بخشی زھے قسمت
لبِ لعلِ شکر خارا جواب تلخ میں زیبد

(اگر تو مجھے گالیاں دے تو یہ میرے لئے خوش نصیبی کی بات ہوگی۔ شیریں لبوں پہ تلخ جواب بڑا بھلا لگتا ہے)

حافظ: بدم گفتی وخور سندم جزاك الله نکو گفتی
جواب تلخ میں زیبد لبِ لعلِ شکر خارا

(تو نے مجھے برا کہا اور میں خوش ہوں کہ تو نے میرے حق میں بڑی اچھی بات کہی۔ شیریں لبوں پر تلخ جواب بڑا زیب دیتا ہے)

صوفی: چنانم بار فیقاں در رہِ عشق
کہ مور لنگ با چابک سواراں

(عشق کے راستے میں اپنے ہم راہیوں میں، میں ایسا ہوں جیسے ایک لنگڑی چیونٹی تیز رفتار سواروں کے ہمراہ)

حزیں: سلوکم در طریقِ عشق بایاراں بداں ماند
کہ مورِ لنگ ھمراھی کند چابک سواراں را

(دوستوں کے ہمراہ عشق کے راستے میں میرا حال ایسا ہے جیسے ایک لنگڑی چیونٹی تیز سواروں کی ہمراہی کر رہی ہو)

حافظ: آسماں بار امانت نتوانست کشید
قرعہ فال بہ نام من دیوانہ زدند

میر: سب پہ جس بار نے گرانی کی
اس کو یہ ناتواں اُٹھا لایا

نظیری: زفرق تابہ قدم ہر کجا کہ می نگرم
کرشمہ دامن دل می کشد کہ جا ایں جاست

میر: جس جائے سراپا پہ نظر جاتی ہے اس کی
آتا ہے مرے جی میں یہیں عمر بسر کر

بیدل: مسی آلودہ بر لبِ رنگ پاں است
تماشہ کن تہ آتش دخاں است

ناسخ: مسی آلودہ لب پر رنگِ پاں ہے
تماشہ ہے تہِ آتش دھواں ہے

ناصرعلی: بروز بیکسی کس نیست غیر از سایہ یارمن
مگر آں ہم ندارد طاقتِ شبہائے تارِمن

ناسخ: سیہ بختی میں کوئی کب کسی کا ساتھ دیتا ہے
کہ تاریکی میں سایہ بھی جُدا رہتا ہے انساں سے

سعدی: کریماں را بدست اندر درم نیست
خداوندانِ نعمت را کرم نیست

انیس: جو سخی ہیں مالِ دنیا سے ہیں خالی ان کے ہاتھ
اہلِ دولت جو ہیں وہ دستِ کرم رکھتے نہیں

اشعار بالا کی طرح ہزار ہا اشعار اساتذہ کے کلام میں ایسے ملیں گے جنہیں سرقات شعری کی مثال میں پیش کیا جاسکتا ہے۔ لیکن یہ درست نہیں۔ الفاظ، خیال، مضمون، محاورہ، ترکیب اور اسلوب وغیرہ کے ٹکراؤ کو سرقہ پر محمول کرنا سراسر زیادتی ہے۔ دنیائے شاعری میں یہ کاروبار ہمیشہ سے ہوتا رہا ہے اور ہوتا رہے گا۔ چراغ سے چراغ جلتے رہے ہیں۔ ہاں، بلاترمیم وتبدیلی کے شعر کو اپنا لینا سرقہ کی مذموم ترین مثال ہے جو کسی طرح بھی روا نہیں۔

مرزا غالبؔ کی شاعرانہ حیثیت اور عظمت مسلّم ہے۔ ان کی شخصیت بڑی ہی بھرپور، رنگا رنگ اور جاندار ہے۔ ان کا شمار اردو اور فارسی کے عظیم ترین شعراء میں ہوتا ہے۔ غالبؔ کو اپنی شاعری پر بجا طور پر فخر تھا۔ خاص طور سے فارسی شاعری کو اپنا شاہکار سمجھتے تھے۔

فارسی بیں تابہ بینی نقشہائے رنگ رنگ
بگذراز مجموعۂ اردو کہ بے رنگِ من است

اور مرزا کا یہ دعویٰ خالی خولی دعویٰ ہی نہیں انہوں نے فارسی میں وہ جولانیٔ طبع دکھائی ہے کہ بڑے بڑے گردِ راہ ہو کر رہ گئے ہیں۔ لیکن چونکہ مرزا کے زمانے میں فارسی زبان دم توڑ رہی تھی اور اردو بنتی سنورتی منظرِ عام پر آ رہی تھی اس لئے ان کی فارسی شاعری کے قدردان انہیں خاطر خواہ نہ مل سکے۔

مرزا نے اپنے قول کے مطابق تقریباً دس برس کی عمر سے شعر کہنا شروع کیا اور ۲۵ برس کی عمر تک ریختہ میں ہی فکرِ سخن کرتے رہے۔ لیکن چونکہ ابتدا ہی سے وہ فارسی سے بہت زیادہ مانوس رہے اس لئے ان کا ابتدائی اردو کلام فارسی اثرات سے یکسر بوجھل ہے۔ اسے اردو سے زیادہ فارسی کلام کہنا زیادہ مناسب ہوگا۔ ۲۵ برس کی عمر کے بعد مرزا نے فارسی میں شدومد سے شعر کہنا شروع کیا اور خود کو فارسی کا شاعر کہنے لگے۔ اس دوران انہوں نے اردو میں بھی شعر کہے لیکن نہ ہونے کے برابر۔ ۱۸۵۰ء میں جب وہ شاہ عالم بہادر شاہ ظفرؔ کے دربار سے وابستہ ہوئے تو وقت کے تقاضے کے مطابق اردو میں دوبارہ شعر کہنا شروع کیا۔ مرزا کی شاعری کا یہ دَور اردو شاعری کو ایک نئی زندگی اور ایک نیا موڑ عطا کرتا ہے۔ اپنے اخیر دَور کی شاعری میں مرزا سہل نگاری کی طرف متوجہ ہوئے اور سیدھے سادے لفظوں میں بڑے معرکے کے شعر کہہ گئے۔

مرزا کی اردو شاعری کے تین ادوار قائم کئے جاسکتے ہیں۔ ہر دَور کی شاعری کا مزاج الگ الگ ہے اور یہ نتیجہ ہے مرزا کے رجحان اور ذوقِ شعری میں رفتہ رفتہ تبدیلی کا۔ اس لئے مرزا مختلف الطبع ہونے کے ساتھ ساتھ ہر دور میں مختلف اساتذہ کا اثر قبول کرتے رہے ہیں۔

مرزا فطری طور پر مشکل پسند واقع ہوئے تھے۔ اس لئے ابتدا میں ان کا بیدلؔ کی طرف

متوجہ ہونا عین فطرت کے مطابق تھا۔ بیدلؔ کے رنگ میں انہوں نے صدہا اشعار کہے ہیں جن پر فارسی کا غلبہ ضرورت سے زیادہ ہے۔ یہی وجہ ہے کہ اس دَور کے بیشتر اشعار آورد ہی آورد ہیں۔

مرزا کی اردو شاعری کا دوسرا دور وہ ہے جب وہ بیدلؔ کے رنگ سے ہٹ کر عرفیؔ، نظیریؔ، ظہوریؔ، حزیںؔ، کلیمؔ اور طالبؔ وغیرہ کی پیروی کرتے ہیں۔اس دور کے اشعار میں فارسی کا اثر صرف کم ہی نہیں ہے بلکہ فارسی الفاظ، محاورہ اور ترکیب کی آمیزش سے اشعار گلدستہ بن گئے ہیں۔ اس سے اردو کے اسلوب میں بلاغت، رنگینی اور رمزیت آئی۔ مرزا نے ان فارسی لفظوں، محاوروں اور ترکیبوں سے جن کی اردو زبان متحمل ہوسکتی تھی وہ وہ گل بوٹے کھلائے ہیں کہ سبحان اللہ! مرزا نے تنگنائے غزل کی شکایت کی ہے۔لیکن میں تو یہ سمجھتا ہوں کہ انہوں نے فارسی تراکیب کو اردو کا مزاج بنا کر اردو زبان پر احسان عظیم کیا ہے۔اردو کو وسعت بخشی ہے۔ یہ سراسر مرزا ہی کا کارنامہ ہے کہ اردو زبان بڑے سے بڑے مضمون اور دقیق سے دقیق مسئلہ کو اپنے اندر سمو لینے کے قابل بن گئی۔اردو کو مرزا نے ایک نیا لب ولہجہ عطا کیا جو آج بھی جاری وساری ہے۔

غالبؔ کی اردو شاعری کا آخری دَور سہل نگاری کا ہے۔اس آخری دور میں انہوں نے میرؔ کے رنگ کے اشعار زیادہ کہے ہیں جن سے ان کی پختہ کاری اور قادرالکلامی کا پتہ چلتا ہے۔

مندرجہ بالا ادوار کی تقسیم سے یہ دکھانا مقصود ہے کہ مرزا نے ہر دَور میں مختلف اساتذہ کا اثر قبول کیا ہے اور سبھوں سے اکتساب فیض کیا ہے۔ مرزا پر اگر کسی نے توارد کا الزام عائد کیا تھا تو اسے رواروی میں ٹالنا نہیں تھا بلکہ مدلل جواب دینا تھا۔ اساتذہ کے اشعار پیش کر کے ثابت کرنا تھا کہ توارد ہر دَور میں رہا ہے اور اس سے کسی کی اہمیت اور عزّت پر حرف نہیں آتا۔

تلاش وجستجو سے کام لیا جائے تو مرزا کے یہاں ترکیب ومضمون کی یکسانیت کے سینکڑوں اشعار ملیں گے۔ مثلاً عرفیؔ کا شعر ہے۔

کافر تراست زاهد از برهمن و لیکن
اورابت است در سر در آستیں ندارد

یعنی زاہد برہمن سے زیادہ کافر ہے۔فرق صرف اتنا ہے کہ برہمن کا بت سر پر ہے یعنی

ظاہر ہے اور زاہد کا بت آستیں کے اندر چھپا ہوا ہے۔ غالبؔ کہتے ہیں ۔

زمن حذر نکنی گر لباسِ دیں دارم
نہفتہ کافرم و بت در آستیں دارم

یعنی اے محبوب! مجھ سے پرہیز مت کرنا اگر میں پارسائی کے جامہ میں نظر آؤں۔ پوشیدہ طور پر میں کافر ہوں اور آستیں میں بت موجود ہے۔

یہاں مفہوم سے قطع نظر ''بت در آستیں داشتن'' محاورہ مشترک ہے اور مرزا غالبؔ کا یہ شعر ۔

بوئے گل، نالۂ دل، دودِ چراغِ محفل
جو تری بزم سے نکلا سو پریشاں نکلا

تو بیدلؔ کے اس شعر کا ترجمہ ہے ۔

بوئے گل ، نالۂ دل ، دود چراغ محفل
ہر کہ از بزمِ تو برخاست پریشاں برخاست

بیدلؔ ہی کا شعر ہے ۔

آنجا جوابِ نامۂ عاشق تغافل است
بے ہودہ انتظارِ خبر می کشیم ما

یعنی عاشق کے خط کا جواب معشوق کے یہاں محض بے توجہی سے دیا جائے گا۔ لہٰذا جواب خط کا انتظار فضول ہے۔

غالبؔ کہتے ہیں ۔

قاصد کے آتے آتے خط اک اور لکھ رکھوں
میں جانتا ہوں جو وہ لکھیں گے جواب میں

دونوں کے یہاں خیال مشترک ہے یعنی محبوب جواب نہیں دے گا۔ انتظار فضول ہے۔

خاقانیؔ کا شعر ہے ۔

زیں نام چوں تر کنم زباں را
صد بوسہ دھد لبم زباں را

مطلب یہ کہ اس نام سے جب میں اپنی زبان تر کرتا ہوں یعنی جب میں یہ نام لیتا ہوں تو میرے ہونٹ میری زبان کو سینکڑوں بوسے دیتے ہیں۔

غالبؔ کا شعر ملاحظہ فرمائیے۔

زباں پہ بار خدایا یہ کس کا نام آیا
کہ میرے نطق نے بوسے مری زباں کے لئے

غنائیؔ کا شعر ہے۔

نامت زر شک پیش کسے چوں نمی برم
آیا سراغ از کہ کنم منزل ترا

یعنی رشک کی وجہ سے جب میں تیرا نام کسی کے سامنے نہیں لے پاتا تو بھلا تیرے گھر کا پتہ پاؤں تو کیسے؟

غالبؔ کا شعر ملاحظہ فرمائیے۔

چھوڑا نہ رشک نے کہ تیرے گھر کا نام لوں
ہراک سے پوچھتا ہوں کہ جاؤں کدھر کو میں

بیگیؔ کا شعر ہے۔

من اگر توبہ زمئے کردہ ام اے سرو سہی
تو خود ایں توبہ نکر دی کہ مرا مئے نہ دھی

یعنی اے ساقی اگر میں نے شراب سے توبہ کر لی ہے تو تُو خود مجھے شراب دینے سے توبہ نہ کر بیٹھنا۔

اسی مضمون پر غالبؔ کا شعر ملاحظہ فرمائیے۔

میں اور بزمِ مئے سے یوں تشنہ کام آؤں
گر میں نے کی تھی توبہ ساقی کو کیا ہوا تھا

خسؔرو کا شعر ہے۔

زہے عمر دراز عاشقاں گر
شبِ ہجراں حسابِ عمر گیرند

مطلب یہ کہ اللہ اللہ عاشقوں کی عمریں کس قدر لمبی ہوں گی اگر ہجر کی راتیں بھی ان کی عمر کے حساب میں شامل کرلی جائیں۔ غالبؔ کو سُنئے۔

کب سے ہوں کیا بتاؤں جہانِ خراب میں
شبہائے ہجر کو بھی رکھوں گر حساب میں

خسؔرو ہی کا شعر ہے۔

اے گل چوں آمدی ززمین گو چگو نہ اند
آں روئیہا کہ در تہِ گردِ فنا شدند

یعنی اے پھول تو زمین کے اندر سے آیا ہے۔ ذرا بتا تو وہ لوگ جو دفن ہو چکے ہیں، کس حال میں ہیں؟ اس شعر کا درد، سوز و گداز اور ربودگی بیان سے باہر ہے۔
غالبؔ نے بھی یہ مضمون بڑے وزن کے ساتھ باندھا ہے۔ یہ شعر خسؔرو کے شعر پر اضافہ کی حیثیت رکھتا ہے۔ ملاحظہ ہو۔

سب کہاں، کچھ لالہ و گل میں نمایاں ہوگئیں
خاک میں کیا صورتیں ہوں گی کہ پنہاں ہوگئیں

نظیرؔی کا شعر ہے۔

رازِ دیرینہ زرخ پردہ برانداخت دریغ
حالِ من شہرہ بہ انشا و غزل ساخت دریغ

یعنی افسوس! میرے رازِ دیرینہ کے چہرے سے پردہ اُٹھ گیا۔ افسوس کہ انشا و غزل کی وجہ سے میرا حالِ دل شہرہ پا گیا۔

غالبؔ کا شعر پڑھئے۔

کھلتا کسی پہ کیوں میرے دل کا معاملہ
شعروں کے انتخاب نے رسوا کیا مجھے

فیضیؔ کا شعر ہے۔

نو شدا روئے محبت رامپرس اجزا که چیست
سودۂ الماس در زهر هلاهل می کنند

یعنی نہ پوچھ کہ شراب محبت کے اجزا کیا ہیں۔ بس یوں سمجھ لے کہ زہر ہلاہل میں ہیرا کوٹ کر ملا دیا گیا ہے۔

غالبؔ کا شعر سُنئے۔

نہ پوچھ نسخۂ مرہم جراحتِ دل کا
کہ اس میں ریزۂ الماس جزوِ اعظم ہے

آذری کا شعر سُنئے۔

جانے که داشت کرد خدائے تو آذریؔ
شرمنده از تو گشت که جانِ دگر نداشت

یعنی آذری کی سب سے قیمتی چیز صرف ایک جان تھی جسے اس نے تجھ پر قربان کر دیا۔ وہ اس بات سے شرمندہ ہے کہ قربان کرنے کے لئے اس کے پاس دوسری جان نہیں ہے۔

غالبؔ نے اس بات کو یوں کہا ہے۔

جان دی، دی ہوئی اسی کی تھی
حق تو یہ ہے کہ حق ادا نہ ہوا

عرفیؔ کا شعر ہے۔

کے لازم است باده کشیدن زجامِ زر
مقصود تو گرا ینست قصور سفال چیست

مطلب یہ ہے کہ جام زرّیں سے شراب پینا ضروری تو نہیں۔ مقصد تو صرف شراب پینا ہے۔ پھر جامِ زر کی تخصیص کیوں؟ مٹّی کے پیالے کا کیا قصور ہے جو اس میں شراب نہ پی جائے۔ جامِ زر کو ترجیح کیوں؟

غالبؔ نے اپنے اندازِ بیان اور لب ولہجہ سے اس مضمون کو بڑا جاندار بنا دیا ہے۔

اور بازار سے لے آئے اگر ٹوٹ گیا
جامِ جم سے یہ میرا جام سفال اچھّا ہے

عرفیؔ کا شعر ہے۔

بیار بادہ کہ جانم دمے زنالہ برآید
ہزار زمزمہ از دل بیک پیالہ برآید

یعنی اے ساقی! شراب لا تا کہ دل کو تھوڑی دیر کے لئے نالہ سے فرصت مل جائے اور ایک پیالہ شراب کے عوض دل سے ہزاروں زمزمے پھوٹ پڑیں۔

غالبؔ کو سنئے۔

پھر دیکھئے اندازِ گل افشانیٔ گفتار
رکھ دے کوئی پیمانہ وصہبا مرے آگے

فریدونؔ خراسانی کا شعر ہے۔

از ضعفِ دل منال فریدوںؔ زبیکسی
میدار دل قوی کہ کسِ بیکساں خداست

یعنی اے فریدون! بیکسی میں دل کی کمزوری کا شکوہ مت کر حوصلہ رکھ۔ جس کا کوئی نہیں اس کا خدا ہے۔

غالبؔ اسی مضمون کو ہلکی سی تبدیلی کے ساتھ یوں کہتے ہیں۔

بے دل نہ ہو بیگانگیٔ خلق سے غالبؔ
کوئی نہیں تیرا تو میری جان خدا ہے

ذوقؔی سمرقندی کا شعر ہے۔

مکن تغافل ازیں بیشتر کہ میتر سم
گماں برند کہ ایں بندہ بے خداونداست

یعنی اے محبوب! اب اور زیادہ تغافل سے پیش مت آ۔ ڈرتا ہوں کہ لوگ یہ نہ سمجھ بیٹھیں کہ مجھ بے چارہ کا کوئی خدا نہیں ہے۔

غالبؔ نے اس خیال کو اور زیادہ وسعت دے دی ہے۔ ملا حظہ ہو۔

زندگی اپنی جو اس ڈھنگ سے گزری غالبؔ
ہم بھی کیا یاد کریں گے کہ خدا رکھتے تھے

ثباتؔ کا شعر ہے۔

با آنکہ ہمہ عمر نہ رفتم زدرِ او
پرسد زمن از ناز ترا خانہ کدام است

یعنی باوجودیکہ میں ساری عمر اس کے دروازے سے نہیں ٹلا وہ مجھ سے بصد ناز وتجاہل پوچھتا ہے کہ کون ہے تو؟ گھر کہاں ہے تیرا؟

غالبؔ نے اسی مضمون کو اپنے اندازِ بیان سے بہت بلند کر دیا ہے۔

لو، وہ بھی کہتے ہیں کہ یہ بے ننگ و نام ہے
یہ جانتا اگر تو لٹاتا نہ گھر کو میں

اس شعر میں غالبؔ کا لب ولہجہ قابل توجہ ہے۔ محض ایک لفظ ''لو'' کے لہجے میں ایک جہانِ معنی پوشیدہ ہے۔ اس شعر کا لب ولہجہ واقعی بے مثال ہے۔

شمس تبریزی کا شعر ہے۔

در شرابم چیزے دیگر ریختی
بادہ تنہا نیست ایں آمیختی

یعنی میری شراب میں تو نے کوئی دوسری چیز ڈال دی ہے۔ یہ خالص شراب نہیں ہے۔ اس میں آمیزش ہے۔ مفہوم سپاٹ اور پھیکا ہے۔

غالبؔ نے معمولی اضافے سے اس مضمون کو بڑا پُر کیف، پُر اثر اور پُر معنی بنا دیا ہے۔

مجھ تک کب ان کی بزم میں آتا تھا دورِ جام
ساقی نے کچھ ملا نہ دیا ہو شراب میں

طالبؔ آملی کا شعر ہے۔

ائے گوش از محبتم احول شدے چو چشم
تا ہر چہ گفتی از تو مکرر شنیدمے

یعنی اے کاش کہ محبت میں میرے کان احول ہو جاتے جس طرح آنکھیں ہوتی ہیں اور ہر چیز کو دو دیکھتی ہیں تاکہ تو جو کچھ کہتا میں اپنے احول کانوں سے دوبار سن پاتا۔

غالبؔ نے اس مضمون میں شوخی دکھائی ہے۔

بہرہ ہوں میں تو چاہئے دونا ہو التفات
سُنتا نہیں ہوں بات مکرّر کہے بغیر

غالبؔ کو بھی معشوق کی بات ایک بار سُننے سے سیری نہیں ہوتی، دوبارہ سننے کے لئے بہرہ بن جاتے ہیں۔

رفیعؔ کا شعر ہے۔

خوش دلم زیں کہ باو نامہ نویسم شب و روز
مقصدم نیست کہ مکتوب رسد یا نہ رسد

یعنی میں اسی میں خوش ہوں کہ اسے رات دن خط لکھتا رہتا ہوں۔ مجھے اس سے غرض نہیں کہ خط پہنچتا بھی ہے کہ نہیں۔

غالبؔ کہتے ہیں۔

خط لکھیں گے گرچہ مطلب کچھ نہ ہو
ہم تو عاشق ہیں تمہارے نام کے

فسونؔی تبریزی کا شعر ہے۔

به او چو میرسم آسوده می شوم از دور
ندید حال مرا وقت بیقراری ، حیف

یعنی میں اس کے پاس پہنچتے پہنچتے آسودہ حال ہو جاتا ہوں اور اس بات کا افسوس رہ جاتا ہے کہ وہ مجھے عالمِ بیقراری میں نہیں دیکھ پاتا۔

غالبؔ کا وہ شاہکار شعر ملاحظہ فرمائیے جو اسی مضمون کا ہے۔

ان کے دیکھے سے جو آ جاتی ہے منہ پہ رونق
وہ سمجھتے ہیں کہ بیمار کا حال اچھا ہے

مصحفؔی کا شعر ہے۔

دیتے نہیں جو داد تو بیداد کیجئے
یعنی کسی طرح تو ہمیں یاد کیجئے

غالبؔ کو سنئے۔

اب جفا سے بھی ہیں محروم ہم اللہ اللہ
اس قدر دشمنِ اربابِ وفا ہو جانا

ہر دو شعر کا مفہوم ایک ہے یعنی محبوب اگر لطف سے پیش نہیں آتا تو جفا ہی کرے۔ اس سے تعلق تو قائم رہتا ہے۔ ایک عاشق صادق کے لئے یہی بہت کچھ ہے۔

مصحفؔی: وہ زخم چاہتا ہوں تیری تیغِ تیز کا
جو روزِ حشر منہ پہ مرے خندہ زن نہ ہو

غالبؔ: جس زخم کی ہو سکتی ہو تدبیر رفو کی
لکھ دیجیو یارب اسے قسمت میں عدو کی

صرف اندازِ بیان کا فرق ہے ورنہ دونوں شعر کا مفہوم ایک ہے۔ عاشق کو ایسے زخم کی خواہش ہے جو تا حشر مندمل نہ ہو۔

مصحفیؔ: فصلِ گل سو بار آئی ہم نہ چھوٹے قید سے
بند ہیں کنجِ قفس میں ایک مدّت ہوگئی

غالبؔ: خزاں کیا فصل گل کہتے ہیں کس کو کوئی موسم ہو
وہی ہم ہیں قفس ہے اور ماتم بال و پر کا ہے

مندرجہ بالا دونوں اشعار ہم معنی ہیں۔

مصحفیؔ: غیر سے گرم ملو ہم پہ یہ بیداد رہے
اور تو کیا کہیں ہم تم سے، مگر یاد رہے

غالبؔ: تم جانو تم کو غیر سے جو رسم وراہ ہو
ہم کو بھی پوچھتے رہو تو کیا گناہ ہو

دونوں ہی کو محبوب کے غیر سے رسم وراہ رکھنے پر اعتراض نہیں لیکن ان کے دلوں میں یہ تمنّا بھی ہے کہ محبوب خود ان سے بھی تعلق باقی رکھے۔ غالبؔ نے تو صاف صاف منھ پر ہی کہہ دیا لیکن مصحفیؔ نے اس بات کی طرف صرف ہلکا سا اشارہ کیا ہے جو نہایت بلیغ ہے۔

مصحفیؔ: کوچہ ہو ترا یا کسی مقتل کی زمیں ہو
مرنا ہی ہمیں مدنظر ہے تو کہیں ہو

غالبؔ: وفا کیسی، کہاں کا عشق، جب سر پھوڑ نا ٹھہرا
تو پھر اے سنگ دل تیرا ہی سنگِ آستاں کیوں ہو

محبوب کی سرد مہری سے جھنجھلا کر دونوں ایک ہی بات سوچتے ہیں۔

مصحفیؔ: عکس آئینہ میں دیکھا تو گیا ہاتھ سے دل
آپ ناظر ہوئے اور آپ ہی منظور ہوئے

غالبؔ: آئینہ دیکھ اپنا سا منہ لے کے رہ گئے
صاحب کو دل نہ دینے پہ کتنا غرور تھا

محبوب کے اپنے آپ پر فدا ہونے کا مفہوم دونوں اشعار میں مشترک ہے۔ فرق ہے تو صرف انداز بیان کا اور غالبؔ کا اندازِ بیان مصحفیؔ پر سبقت لے گیا ہے۔

مصحفیؔ: رکھ کے ہم زانوں پہ جس وقت کہ سر بیٹھ گئے
یہ سمجھ لیجئے ہم سایوں کے گھر بیٹھ گئے

غالبؔ: یونہی گر روتا رہا غالبؔ تو اے اہلِ جہاں
دیکھنا ان بستیوں کو تم کہ ویراں ہو گئیں

دونوں نے بیان میں یکساں غلو سے کام لیا ہے۔ کہیں آنسوؤں کے سیلاب سے ہمسایوں کے گھر بیٹھ جاتے ہیں تو کہیں یہ سیلاب بستیاں بہالے جاتا ہے۔

ذوقؔ: کب حق پرست زاہدِ جنّت پرست ہے
حوروں پہ مر رہا ہے یہ شہوت پرست ہے

غالبؔ: طاعت میں تا رہے نہ مئے وانگبیں کی لاگ
دوزخ میں ڈال دے کوئی لے کر بہشت کو

دونوں شعروں کی بنیاد ''تصور جنّت'' ہے اور یہ مضمون نہایت پرانا اور پامال ہے۔ ذوقؔ کا اندازِ بیان بالکل عامیانہ ہے۔ شعر سے عفونت پھیلتی ہے۔ غالبؔ نے ندرت بیان سے کام لے کر اس شعر کو واقعی نادر بنا دیا ہے۔

مومنؔ : تم مرے پاس ہوتے ہو گویا
جب کوئی دوسرا نہیں ہوتا

یہ شعر سہل ممتنع ہے اور مومنؔ کا شاہکار بھی۔ اس شعر کی بلندی اور پاکیز گی بیان سے باہر ہے۔ لیکن مرزا جب اس مضمون کو ہاتھ لگاتے ہیں تو اس کی سطح کچھ اور بلند ہو جاتی ہے۔ ملاحظہ

فرمایئے۔

ہے آدمی بجائے خود اک محشرِ خیال
ہم انجمن سمجھتے ہیں خلوت ہی کیوں نہ ہو

مندرجہ بالا مثالوں سے واضح ہے کہ غالبؔ نے اپنے پیشروؤں اور ہم عصروں سے پورا پورا استفادہ کیا ہے۔اس ڈگر پر ہر شاعر چلتا آیا ہے اور چلتا جائے گا۔اس سے غالبؔ کی عظمت اور شہرت میں کوئی کمی نہیں ہوتی۔ بلندیٔ فکر، ندرتِ بیان، شیرینیٔ کلام، لطفِ ترکیب، شکوہِ الفاظ اور نظم ونثر کی گہرائی اور گیرائی کے لئے ہم آج بھی غالبؔ کے ممنونِ احسان ہیں۔غالبؔ مرنے کے باوجود مرا نہیں ہے۔وہ آج بھی اُٹھتے بیٹھتے ہماری بول چال اور گفتگو میں اہم کردار ادا کر رہا ہے۔غالبؔ زندہ ہے اور ہمیشہ زندہ رہے گا۔

☆☆

تفہیمِ مطلعِ دیوانِ غالبؔ

نقش فریادی ہے کس کی شوخیِ تحریر کا
کاغذی ہے پیرہن ہر پیکرِ تصویر کا

غالبؔ سے قبل یا غالبؔ کے زمانے میں یہ دستور عام تھا کہ کسی کہانی، کسی قصیدہ، کسی مثنوی یا کسی صنفِ سخن کی ابتدا کرنے سے پہلے مصنّف یا شاعر خدا کی تعریف یعنی حمدِ باری لکھنا یا پھر جناب رسول صلی اللہ علیہ وسلم کی مدحت میں نعت پاک قلم بند کرنا لازمی سمجھتا تھا۔ اس کے بعد اسے جو کچھ بھی لکھنا ہوتا تھا لکھتا تھا۔ گویا حمد ونعت ہر تخلیق کی بسم اللہ تھی۔

مرزا غالبؔ کے دیوان کی ابتدا حمدیہ یا نعتیہ کلام سے نہیں ہوئی۔ معلوم ہوتا ہے اسی لئے شارح کا ذہن دیوان کی پہلی غزل کے مطلع کی تشریح کرتے وقت حمد کی طرف مائل ہو جاتا ہے اور اس مطلع کی تشریح میں کھینچ تان کر حمد کا مفہوم پیدا کرنے کی کوشش کی جاتی ہے جو سراسر بے معنی ہے۔ سیّد وحید الدین بیخودؔ جانشینِ حضرت داغ دہلویؔ، جو مفسّر غالبؔ بھی کہے جاتے ہیں، مطلع کے اندازِ بیان کو نظر انداز کر کے خالق ومخلوق یعنی موجوداتِ عالم کے چکّر میں پڑ گئے۔ خالق یعنی نقّاشِ ازل سے ''شوخیِ تحریر'' کو منسوب کرنا سراسر بے ادبی ہے۔ نقش عالم یعنی موجوداتِ عالم فریادی ہے خالق یعنی نقّاشِ ازل کی شوخیِ تحریر کا، نعوذ باللہ! مصرع اولیٰ میں ''نقش'' اور مصرع ثانی میں ''پیکر تصویر'' دونوں ایک ہیں۔ ان کے معنی ''موجوداتِ عالم'' یا ''انسان'' سمجھنا ہی بنیادی غلطی ہے۔

پروفیسر یوسف سلیم چشتی اپنی کتاب ''شرحِ دیوانِ غالبؔ'' میں رقم طراز ہیں کہ...
غالبؔ نے اس شعر کا مطلب خود بیان کیا ہے:

> ''ایران میں یہ رسم ہے کہ دادخواہ کاغذ کے کپڑے پہن کر حاکم کے سامنے جاتا ہے۔ پس شاعر خیال کرتا ہے کہ نقش کس کی شوخیٔ تحریر کا فریادی ہے کہ جو صورت تصویر کی ہے اس کا پیرہن کاغذی ہے (اس کا وجود زبان حال سے فریادی ہے) یعنی ہستی اگرچہ مثل تصاویر اعتبار محض ہے (اشیائے کائنات کی ہستی اگرچہ محض اعتباری ہے) موجب رنج و ملال و آزار ہے۔''
>
> (غالبؔ کا خط بنام عبدالرّزاق شاکرؔ گورکھپوری)

لیکن غالبؔ کے مندرجہ بالا بیان سے یہ بات کہاں ثابت ہوتی ہے کہ انہوں نے اپنی غزل کا آغاز حمدِ باری سے کیا ہے اور بقول یوسف سلیم چشتی حمد کے پردے میں خدا سے گلہ کیا ہے کہ اے خدا! جب تو نے ہر مخلوق کو فنا کے لئے پیدا کیا ہے تو پیدائش میں اس قدر کمال کا اظہار کیوں کیا۔ بہ الفاظ دیگر جب ہست کر کے مٹانا منظور تھا تو ہست کرنا ہی کیا ضروری تھا؟ یہ خیال پروفیسر صاحب کا تو ہوسکتا ہے غالبؔ کا ہرگز نہیں۔ کہاں غالبؔ، کہاں اس طرح کی لایعنی بات!! کاروبارِ عالم پر معترض ہونا کہاں کی دانائی ہے۔ ہست و بود تو اس دنیوی کارخانے کا بنیادی اصول ہے۔ غالبؔ جیسا عظیم شاعر و مفکر بھلا ایسی سطحی باتیں کیوں کہنے لگا۔

پروفیسر صاحب حضرت بیخوؔد دہلوی کی تشریح سے حد درجہ متاثر نظر آتے ہیں۔ جو چوک حضرت بیخوؔد دہلوی سے ہوئی وہی چوک پروفیسر صاحب سے بھی ہوئی۔ وہ حضرت بیخوؔد کے بنائے ہوئے دائرے سے باہر نہ نکل سکے۔ بیخوؔد ہی وہ پہلے شارح ہیں جنہوں نے اس شعر میں حمد یہ مفہوم سمویا ہے۔ ہوسکتا ہے کہ بیخوؔد دہلوی کے بعد دیگر شارحین بھی اس دائرے میں لفظوں کے الٹ پھیر سے تقریباً وہی تشریح کرتے رہے ہوں۔

غالبؔ کے شارحین میں نواب حیدر یار جنگ نظم طباطبائی بھی ہیں جنہوں نے اس شعر کو بے معنی قرار دیا ہے۔ کسی دوسرے نے لکھا ہے کہ فقط قافیہ کی ضرورت پوری کرنے کیلئے ''تحریر'' لفظ ٹھونس دیا گیا ہے، جبکہ یہ قافیہ مطلع کے مصرعۂ اولیٰ میں ہے۔ غالبؔ شاعر ہیں، تحریر ان کی ضرورت

ہے۔تحریر کے ذریعہ انہوں نے تصویریں اُبھاری ہیں۔لہٰذا ’’تحریر‘‘ اس شعر میں ٹھونس دیا گیا ہے کہنا اپنی کم علمی کا ثبوت دینا ہے۔ یہ قافیہ نہایت ضروری اور موزوں جگہ پر استعمال ہوا ہے۔کسی کو ’’شوخی تحریر‘‘ کا مطلب سمجھ میں نہیں آتا حالانکہ یہاں شوخی کے معنی واضح طور پر فنکاری کے ہیں۔ ’’شوخی تحریر‘‘ کا مطلب تحریر کی فن کاری ہے۔کسی شارح نے بھی شعر پر غور کرنے کی کوشش نہیں کی۔ حضرت بیخؔود کی بزرگی اور منصب کی پاسداری میں جو راہ انہوں نے دکھائی تھی اسی راہ پر چل نکلے اور لفظوں کے اُلٹ پھیر سے تقریباً وہی مفہوم برقرار رکھا جو انہوں نے سمجھایا تھا۔حتیٰ کہ ذہن جدید کے شارح شمس الرّحمٰن فاروقی نے بھی اسی راہ پر چلنا قبول کیا۔

مرزا غالبؔ کو ساری عمر اس بات کا شکوہ رہا کہ لوگوں نے ان کے کلام کی خوبی کو نہیں سمجھا، اور یہی بات آج بھی غالبؔ کے اس مطلع کی تفہیم کے سلسلے میں کہی جا سکتی ہے۔ یہ مطلع مدّت سے اردو داں حلقوں میں موضوعِ بحث بنا ہوا ہے۔لیکن میری سمجھ میں نہیں آتا کہ کیوں؟ شعر کچھ ایسا الجھا ہوا تو نہیں۔ جوشؔ ملسیانی کو بھی افسوس ہے کہ اس شعر کو مہمل کیوں کہا جاتا ہے۔جو غالبؔ شناس ہیں، غالبؔ کے مزاج سے واقف ہیں، جنہوں نے غالبؔ کے دیوان کا غائر مطالعہ کیا ہے وہ غالبؔ کی تمام خصوصیات مثلاً لطفِ ترکیب، مضمون آفرینی، باریک بینی اور بلندیٔ فکر وغیرہ سے بخوبی واقف ہوں گے۔غالبؔ کا یہ شعر ؎

ہیں اور بھی دنیا میں سخنور بہت اچھے
کہتے ہیں کہ غالبؔ کا ہے اندازِ بیاں اور

بہت زیادہ زبان زد عام ہے۔غالبؔ نے اس میں اپنے انوکھے اندازِ بیان کا دعویٰ کیا ہے جو محض دعویٰ نہیں بلکہ زبان زد عام اشعار اس دعویٰ کی جیتی جاگتی دلیلیں بھی ہیں۔

جب ہم اس بات کے قائل ہیں کہ غالبؔ کا اندازِ بیان دوسرے شاعروں کے اندازِ بیان سے مختلف ہے تو کیوں نہ ہم اس اندازِ بیان کی تہہ تک پہنچنے کی کوشش کریں اور غوّاص بن کر سیپ سے موتی باہر نکال لائیں۔

یہ ضرور ہے کہ ابتدا میں غالبؔ رنگِ بیدلؔ میں اردو شعر کہتے تھے۔طرزِ بیدلؔ میں فارسی

شعر کہتے کہتے طبیعت مشکل پسند ہوگئی تھی۔ سیدھے سادے شعران کی طبیعت کونہیں بھاتے تھے۔ غالبؔ واضح طور پر کہتے ہیں۔

سخن سادہ دلم را نہ فریبد غالبؔ
نکتۂ چند زپیچیدہ بیانی بمن آر

اپنے اردو شعر میں کہتے ہیں۔

آگہی دامِ شنیدن جس قدر چاہے بچھائے
مدّعا عنقا ہے اپنے عالمِ تقریر کا

غالبؔ کے خیال میں وہ شعر خوب لطف دیتا ہے جس کے سمجھنے میں تھوڑی ذہنی ورزش کرنی پڑے۔ ان کے عہد کے سامعین یا قارئین ذہنی ورزش کے قائل نہ تھے۔ لہٰذا عام طور پر لوگ انہیں مہمل گو قرار دینے لگے۔ غالبؔ نے جب اپنی یہ درگت بنتی دیکھی تو آخر کار انہیں کہنا پڑا۔

طرزِ بیدلؔ میں ریختہ لکھنا
اسداللہ خاں قیامت ہے

دوستوں کے کہنے پر سیدھی سادی زبان میں شعر کہنا شروع کیا اور حد درجہ کامیاب رہے۔ زیرِ بحث مطلع کچھ ایسا الجھا ہوا بھی نہیں کہ مدّعا عنقا ہو جائے۔ اگر ذہن کو پیچیدگی میں نہ ڈالا جائے تو مفہوم سامنے ہے۔

غالبؔ کے بیان کی روشنی میں اگر اس مطلع کا جائزہ لیا جائے تو غالبؔ کا بیان بالکل صحیح ہے۔ انھوں نے تو کہیں نہیں کہا کہ نقش کنایہ ہے موجوداتِ عالم سے۔ انہوں نے شوخیِ تحریر کو نقّاشِ ازل سے ہرگز منسوب نہیں کیا۔ غالبؔ نے اپنے بیان میں بالکل صاف صاف بات کہہ دی ہے۔ ایران میں رسم تھی کہ فریادی کاغذی لباس میں حاکم کے پاس جاتا تھا۔ غالبؔ کے وہ نقوش جوانہوں

نے الفاظ کے ذریعہ کاغذ پر اُبھارے ہیں زبانِ حال سے اپنے کاغذی لباس میں فریاد کر رہے ہیں___ یہ نقوش جو کاغذ پر اُبھر آئے ہیں کس کی شوخیِ تحریر یعنی تحریر کی فنکاری سے اُبھرے ہیں؟ ظاہر ہے غالبؔ کی فن کاری سے۔ کس بات کے فریادی ہیں؟ ظاہر ہے اپنے کاغذی لباس کے فریادی ہیں جو جلد بگڑ جانے والی چیز ہے۔ اشیائے کائنات کی ہستی تو اعتباری ہے ہی، ان نقوش کی ہستی کاغذی ہونے کی وجہ سے کچھ زیادہ ہی اعتباری ہے۔ بات تو اس شعر میں بس اتنی ہی ہے۔

یہ مطلع عین غالبؔ کی طبیعت کے مطابق ہے۔ انہوں نے اپنی خلاقانہ صلاحیت کی دبے لفظوں میں تعریف کی ہے۔ غالبؔ کا یہ مطلع نہ صرف تعلّی کا ہے بلکہ علم البیان کی مشہور صنعت تجاہل عارفانہ کی بہترین مثال ہے کسی معلوم بات کو نا معلوم کی طرح بیان کر کے اس کی تمیز میں اپنی حیرانی و عدم واقفیت کا اظہار کرنا شعر کے اثر کو دو آتشہ بنا دیتا ہے، اور یہی کام غالبؔ نے کیا ہے۔ غالبؔ نے خود اپنی تحریر میں شوخی یعنی فن کاری دکھائی ہے جس کے نتیجے میں کاغذ پر نقوش اُبھرے ہیں اور لفظی نقوش زبان حال سے فریاد کر رہے ہیں اپنے کاغذی پیرہن کی بے ثباتی کی۔ غالبؔ نے جان بوجھ کر انجان بننے کی ادا دکھائی ہے۔ یعنی بڑی چابکدستی سے اپنے فن کی داد چاہی ہے۔ غالبؔ نے دیوان کی تخلیق کی یعنی وہ دیوان کے خالق ہوئے۔ خالق نے جتنے اشعار تخلیق کئے ان میں بیشتر اشعار جذبات و کیفیات کی منہ بولتی تصویریں ہیں۔ غالبؔ نے الفاظ کی مدد سے مصوّری کا کام کیا ہے۔ تصویر کشی کر دی ہے۔ ایک مصوّر لکیروں کی مدد سے شکلیں اُبھارتا ہے لیکن غالبؔ کو دعویٰ ہے کہ انہوں نے الفاظ کے ذریعہ وہ نقوش اُبھارے ہیں جو زبانِ حال سے فریاد کر رہے ہیں کہ خالق نے ان کے پیکر تو بنا دیئے لیکن انہیں ثبات بالکل نہیں دیا۔ اپنی شوخیِ تحریر سے بولتی ہوئی تصویریں تو بنائیں لیکن انہیں دیوان کے اوراق پر ثبت کر دیا۔ گویا انہیں زندگی تو دی، بول چال بھی دی لیکن پیرہن کاغذی عطا کر دیا یعنی دیوان کے اوراق ان کے پیرہن ٹھہرے جو بہت جلد بگڑ جانے والے ہیں۔ اس کاغذی پیرہن میں پیکرِ تصویر کا وجود کیوں کر محفوظ رہ سکتا ہے۔ وہ تمام نقوش جو دیوان کے اوراق پر اُبھرے ہیں شاکی ہیں کہ ان کا وجود اتنا بے ثبات کیوں بنا دیا گیا۔ ان کے لباس اس قدر نازک ہیں کہ ہلکی سی کھینچا تانی کے بھی متحمل نہیں ہو سکتے۔

یہ تعلّی کا شعر ہے اور بالکل واضح۔ میرے خیال میں یہ شعر نہ صرف یہ کہ حاصلِ غزل ہے بلکہ اسے اگر حاصلِ دیوانِ غالبؔ قرار دیا جائے تو بے جا نہ ہوگا۔ غالبؔ نے اسی قسم کے اپنے اردو کے معرکتہ الآرا اشعار کے بارے میں کہا ہے ؂

جو یہ کہے کہ ریختہ کیوں کر ہو رشک فارسی
گفتۂ غالبؔ ایک بار پڑھ کے اسے سنا کہ یوں

☆☆

غالبؔ کی شعری بول چال

ہیں اور بھی دنیا میں سخنور بہت اچھّے
کہتے ہیں کہ غالبؔ کا ہے اندازِ بیاں اور

''اندازِ بیاں اور'' کا ٹکڑا مندرجہ بالا شعر کی جان ہے اور خاص طور سے ''اور'' کی بلاغت بیان سے باہر ہے۔ اس ''اور'' کے اشارہ میں ایک جہانِ معنی پنہاں ہے۔

غالبؔ نے بیان حال کے لئے جو انداز اختیار کیا ہے وہ واقعی منفرد ہے۔ ہم یہاں غالبؔ کے ان اشعار کا مختصر جائزہ لیں گے جو لب ولہجہ اور زبان سے متعلق ہیں۔ غالبؔ کی دیگر شعری خصوصیات سے قطع نظر ان کی زبان کی شاعری نے بھی ان کی انفرادیت کے اُبھارنے میں بڑا کام کیا ہے۔

شعر جذبات و وارداتِ دل کا مظہر ہوتا ہے اور اچھّا شعر وہی کہلاتا ہے جس میں جذبات کے تقاضے کے مطابق مناسب اور موزوں اندازِ بیان اختیار کیا گیا ہو۔ یعنی زمینِ شعر کا انتخاب اس طرح کیا گیا ہو کہ پڑھتے وقت آواز کے زیر و بم میں تناسب اور خوش آہنگی ہو۔ اظہارِ حال کے لئے الفاظ ایسے فراہم کئے گئے ہوں جو جذبات کے تقاضوں پر پورے اترتے ہوں، اور لب ولہجہ وہ اختیار کیا گیا ہو جس میں ساحرانہ تاثیر ہو اور جو قاری اور سامع کے دل پر براہِ راست اثر کرتا ہو۔ گویا شعر کیا ہو بیان و معنی کا حسین آمیزہ ہو۔

زبان اور لب ولہجہ کا شعر میں برتنا بڑی فن کاری اور قادر الکلامی چاہتا ہے۔لیکن شعر خوانی کا فن بھی کچھ کم دشوار نہیں۔ زبان میں لب ولہجہ کو بڑی اہمیت حاصل ہے اور لب ولہجہ کے معمولی فرق اور اختلاف سے شعر کے مفہوم میں انقلاب عظیم پیدا ہو جاتا ہے۔لہٰذا شعر پڑھنے کا بھی ایک خاص ملکہ ہونا چاہئے۔شاعر ہی کے لب ولہجہ میں شعر پڑھنے کے لئے ضروری ہے کہ شاعر کے جذبات سے ہم آہنگ ہوا جائے اور زبان کا ادراک اس قدر ہو کہ لب ولہجہ کا اختلاف اور مفہوم کا فرق آسانی سے سمجھ میں آجائے۔اگر ایسا نہیں ہے تو شعر کا لطف غارت ہو جائے گا۔

لب ولہجہ کی پرکاری دیکھنی ہو تو نثر میں غالبؔ کے خطوط دیکھئے جن میں بیانیہ انداز نہ ہونے کے برابر ہے۔سرتا سر لب ولہجہ کا کمال، لب ولہجہ کی ساحری ہے۔ جملے کیا ہیں مکالمہ ہیں۔ شوخ اور شگفتہ بول چال کا یہ لب ولہجہ غالبؔ کے اشعار میں بڑا لطف دیتا ہے۔ملاحظہ فرمایئے ع

پکڑے جاتے ہیں فرشتوں کے لکھے پر ناحق
آدمی کوئی ہمارا دمِ تحریر بھی تھا

اس شعر میں مفہوم اور زبان کا تقاضہ ہے کہ دوسرے مصرع کے ''تھا'' کو استفہامیہ انداز میں کھینچ کر پڑھا جائے ورنہ شعر کا لطف جاتا رہے گا۔

غالبؔ: (حاکم مطلق سے) فرشتوں کے لکھے پر بغیر ثبوت کے ہمارا پکڑا جانا درست نہیں۔فرشتوں نے جب ہماری بداعمالی تحریر کی تو کیا اس وقت ہمارا بھی کوئی آدمی موجود تھا؟ اگر تھا تو اس کی شہادت لی جانی چاہئے۔ظاہر ہے ایسا کوئی شاہد نہیں تھا تو پھر فرشتوں کی تحریر کا کیا اعتبار؟

کہتے ہو نہ دیں گے ہم دل اگر پڑا پایا
دل کہاں کہ گم کیجئے، ہم نے مدّعا پایا

اس شعر میں دوسرے مصرع کا آخری ٹکڑا ''ہم نے مدّعا پایا'' ادائے معنی کے لئے ایک خاص اثباتی لب ولہجہ کا متقاضی ہے۔اگر یہ ٹکڑا اس خاص لہجہ میں نہیں پڑھا گیا تو صحیح مفہوم تک پہنچنا دشوار ہو گا۔

محبوب: اگر تمہارا دل ہم نے کہیں پڑا ہوا پالیا تو نہیں دیں گے۔

غالبؔ: دل! وہ تو کب کا گم ہو چکا ہے (پھر یہ سوچ کر کہ محبوب کو میرے دل کی گمشدگی کا علم کیوں کر ہوا ایک نتیجہ پر پہنچتے ہیں) اچھّا! تو گویا آپ ہی کے پاس ہے۔ چور کی داڑھی میں تنکا۔

ترے وعدے پر جئے ہم تو یہ جان جھوٹ جانا
کہ خوشی سے مر نہ جاتے اگر اعتبار ہوتا

اس شعر میں پہلے مصرع کا آخری ٹکڑا ''جھوٹ جانا'' دوسرے مصرع کا درمیانی ٹکڑا ''مر نہ جاتے'' استدلال کے ایک خاص لہجہ میں پڑھے جانے کے متقاضی ہیں۔

غالبؔ: (محبوب سے) اگر تیرے وعدے پر ہم جیتے رہے ہیں تو یہ جان لے کہ ہم نے تیرے وعدے کو جھوٹ جانا ہے۔ اگر ہمیں تیرے وعدے کا اعتبار ہوتا تو فرطِ خوشی سے مَر نہیں گئے ہوتے۔

تم جانو، تم کو غیر سے جو رسم وراہ ہو
مجھ کو بھی پوچھتے رہو تو کیا گناہ ہو

اگر پہلے مصرع میں تاسف اور دوسرے میں حسرت کا لہجہ قائم نہیں کیا گیا تو شعر بے لطف ہو جائے گا۔ خاص طور سے ''تم جانو'' کا ٹکڑا بڑا پُر درد ہے۔

غالبؔ: (محبوب سے) غیروں سے تمہارے تعلقات کیا ہیں، تم جانو، ہم بھلا کون ہوتے ہیں دخل دینے والے۔ ہاں، اتنا ضرور ہے کہ تم نے مجھ سے یکسر قطع تعلق کر لیا ہے جو باعثِ تکلیف ہے۔ اگر کبھی کبھی مجھے بھی پوچھ لیا کرو تو کون سا گناہ ہو۔

آئینہ دیکھ اپنا سا منھ لے کے رہ گئے
صاحب کو دل نہ دینے پہ کتنا غرور تھا

اس شعر سے طنز کا لہجہ صاف نمایاں ہے۔

غالبؔ: (اپنے دل سے) تو تو جانتا ہی ہے کہ محبوب اپنے حسن پر کتنا مغرور تھا۔ اسے ایسا کوئی خوبرو ملا ہی نہیں جسے دل دیتا۔ لیکن قربان اس آئینہ کے جس نے اس کا ہم شبیہہ لا کھڑا کیا۔ اسے دیکھتے ہی محبوب دل دینے پر مجبور ہو گیا اور اس کا پندار جاتا رہا۔

اعتبارِ عشق کی خانہ خرابی دیکھنا
غیر نے کی آہ لیکن وہ خفا مجھ پر ہوا

یہ شعر بھی ایک خاص لب ولہجہ کا پابند ہے۔

غالبؔ: (اپنے دل سے) اعتبار عشق کی خانہ خرابی دیکھ کہ محبوب کو میرے عشق پر اعتبار تھا۔ یہ بات غیر کو بھی معلوم ہوگئی۔ مایوس ہوکر اس نے آہ کی۔ محبوب کو شک ہوا کہ میں نے آہ کھینچ کر اس کو رسوا کیا ہے۔ انجام کار وہ مجھ سے ناراض ہوگیا اور اعتبار جاتا رہا۔

دوست غم خواری میں میری سعی فرمائیں گے کیا؟
زخم کے بھرنے تلک ناخن نہ بڑھ آئیں گے کیا؟

اس شعر کا آخری ٹکڑا ''ناخن نہ بڑھ آئیں گے کیا'' بڑا بلیغ ہے اور ایک خاص استفہامیہ لہجے کا آئینہ دار بھی۔

غالبؔ: بھلا میرے دوست میرے زخمِ دل کا کیا علاج کریں گے۔ بہت کریں گے میرے ناخن تراش لیں گے تاکہ میں زخموں کو کرید نہ سکوں۔ لیکن اگر ایسا ہوا بھی تو کیا، زخموں کے بھرتے بھرتے میرے ناخن بڑھ نہیں آئیں گے اور زخموں کو میں پھر سے تازہ نہیں کرلوں گا؟

میں اور بزمِ مَے سے یوں تشنہ کام آؤں
گر میں نے کی تھی توبہ ساقی کو کیا ہوا تھا

پہلے مصرع میں ''میں'' کا دلیرانہ لب ولہجہ اور دوسرے میں استفسار و استفہام کا انداز کتنا پرلطف ہے۔

غالبؔ: مجھ جیسا دُردآشام میکدے سے بن پئے لوٹ آئے بھلا کیوں کر ممکن تھا۔ لیکن چونکہ میں نے شراب سے توبہ کرلی تھی اس لئے دستِ طلب دراز نہ کرسکا۔ لیکن ساقی کو کیا ہوا تھا؟ اس نے شراب کی پیش کش کیوں نہیں کی؟ اس نے ضد کی ہوتی تو مجھے مجبوری کا بہانہ ہاتھ آتا۔ میں نے شراب بھی پی لی ہوتی اور توبہ شکنی کا الزام بھی مجھ پر عائد نہیں ہوتا۔ لیکن افسوس! صد افسوس!! بدقسمتی نے میرا پیچھا نہیں چھوڑا۔

مجھ تک کب ان کی بزم میں آتا تھا دورِ جام
ساقی نے کچھ ملا نہ دیا ہو شراب میں

دوسرے مصرع کے اشتباہیہ لہجہ نے شعر کو کتنا جاندار بنا دیا ہے۔ ''کچھ'' کا استعمال بڑا بلیغ ہے۔

غالبؔ: (اپنے آپ سے) ان کی بزم میں آج سے پہلے کبھی جامِ شراب میرے آگے نہیں آیا۔ آج خلافِ معمول ایسا کیوں ہوا؟ کہیں ساقی نے شراب میں زہر تو نہیں ملا دیا ہے!

ہے کیا، جو کس کے باندھیے، میری بلا ڈرے
کیا جانتا نہیں ہوں تمہاری کمر کو میں

شعر کا ہر ٹکڑا لب و لہجہ کی بہترین مثال ہے۔

غالبؔ: (محبوب سے) تمہاری یہ دھمکی کہ مجھے قتل کرنے کے لئے تم نے کمر باندھ لی ہے محض دھوکہ ہے۔ کیا میں تمہاری کمر کو نہیں جانتا؟ تمہارے کمر ہے ہی کہاں جو کس کے باندھو گے۔ اس دھمکی سے میں ڈرنے والا نہیں۔

لو، وہ بھی کہتے ہیں کہ یہ بے ننگ و نام ہے
یہ جانتا اگر تو لُٹاتا نہ گھر کو میں

اس شعر کا لطف محض ایک لفظ ''لو'' کے لہجہ پر قائم ہے۔

غالبؔ: سب تو سب، وہ بھی مجھے بدنام اور آوارہ کہنے لگے جن کے لئے میں نے اپنا سب کچھ لُٹا دیا۔ اگر مجھے معلوم ہوتا کہ وہ اس قسم کے طعنے دیں گے تو میں ہرگز اپنے گھر بار نہیں لُٹاتا۔

تم ان کے وعدے کا ذکر ان سے کیوں کرو غالبؔ
یہ کیا کہ تم کہو اور وہ کہیں کہ یاد نہیں

شعر کا ناصحانہ اور صلاح کارانہ لب و لہجہ ملاحظہ ہو:

صلاح کار: غالبؔ! تم اتنے نادان نہ بنو۔ ان کا وعدہ ان کو یاد مت دلاؤ۔ خواہ مخواہ جھوٹے بنو گے اور صدمہ اُٹھاؤ گے۔ کیا تم اُن کے مزاج سے واقف نہیں ہو؟ کیا تم نہیں جانتے کہ

وہ بدعہد ہیں؟ تم کہو گے آپ نے وعدہ کیا تھا۔ وہ کہیں گے، ہمیں یاد نہیں۔ انجام کار تلخی بڑھے گی اور تم معتوب ہو گے۔

نکالا چاہتا ہے کام کیا طعنوں سے تو غالبؔ
ترے بے مہر کہنے سے وہ تجھ پر مہرباں کیوں ہو

یہ شعر بھی ایک خاص لب ولہجہ کا شعر ہے۔

شخصے: غالبؔ! بڑے ہوشیار بنتے ہو۔ تم جانتے ہو کہ جو کچھ کہا جائے محبوب اس کے بر خلاف کرتا ہے۔ لہٰذا مطلب بر آری کے لئے تم اسے بے مہری کا طعنہ دیتے ہو تا کہ وہ ٹھیک اس کے برعکس کرے اور تم پر مہربان ہو جائے۔ لیکن وہ بھی ایک ہی ہوشیار ہے۔ وہ تمہاری چال سمجھ گیا ہے۔ دام میں آنے سے رہا۔

مضمون کی طوالت مانع ہے ورنہ غالبؔ کے یہاں بول چال اور لب ولہجہ کے ابھی سینکڑوں اشعار ہیں جو زبان و بیان کی مثال میں پیش کئے جا سکتے ہیں۔ مندرجہ بالا مثالوں کی روشنی میں مجھے یہ بتانا مقصود ہے کہ غالبؔ نے اظہارِ جذبات کے لئے استدلال، استفسار، استفہام، حسرت، تاسف اور طنز کا جو لب ولہجہ اختیار کیا ہے وہ کس قدر پُر اثر اور دلنشیں ہے۔ مندرجہ بالا اشعار کا ہر لفظ، ہر ٹکڑا اور ہر محاورہ ادائے مطلب کے لئے کسی نہ کسی خاص لہجہ کا متقاضی ہے، اور یہ شاعر کی فن کارانہ چابکدستی ہی تو ہے کہ ایک باذوق قاری لفظوں کے تناسب اور آواز کی نشست و برخاست کے ساتھ صحیح لب ولہجہ کا بے اختیار پابند ہو جاتا ہے، اور اس پر وہی کیفیت طاری ہو جاتی ہے جو شعر کہتے وقت شاعر پر ہوئی تھی۔ غالبؔ کے اس فنکارانہ کمال کی جس قدر داد دی جائے کم ہے۔

☆☆

اپنی نظم ''مرزا غالبؔ'' پر اقبالؔ کی ترمیمات

شعر گوئی ایک مکمل فن ہے۔ اس کے لئے طبع موزوں کا ہونا لازمی ہے لیکن محض موزونیٔ طبع ہی شعر گوئی کا معیار نہیں۔ اصلاً شاعر وہی ہے جو زندہ احساس اور لطیف جذبات کا حامل ہو، مشاہدات و تجربات کی باز آفرینی کر سکتا ہو، معائب و محاسنِ کلام کا مکمل عرفان رکھتا ہو اور واردات و کیفیات کے اظہار پر پوری طرح قادر ہو۔ گویا نکاتِ زبان و بیان کے علم اور خبر و نظر پر کامل دسترس کے بغیر شعر گوئی ممکن نہیں۔

کسی کلام میں زبان کی خامی تو بہ آسانی گرفت میں آسکتی ہے لیکن بیان کی خامی کی گرفت ہر کس و ناکس کے بس کی بات نہیں۔ بیان کی خامی باریک سے باریک تر ہوتی ہے اور اس باریکی تک اسی کی رسائی ممکن ہے جو ذہنِ رسا، نگاہ دوربیں اور طبعِ سلیم رکھتا ہو، اور جس کی جودتِ طبع کلام کی پرکاری کے انداز سے واقف ہو۔

نقصِ بیان: جب ایک شاعر تخلیقی عمل سے گزرتا ہے تو اس کی قوت متخیلہ کبھی کبھی اسے بلندی کی اس انتہائی منزل پر پہنچا دیتی ہے جہاں اس کا نطق اظہار و بیان میں عاجز ہوتا ہے۔ نتیجے کے طور پر مفاہیم کی صحیح ترسیل نہیں ہو پاتی۔ ایسے مقامات تقریباً ہر شاعر کی زندگی میں آتے رہتے ہیں اور ہر شاعر عجزِ بیان کا شکار ہوتا رہا ہے۔ لیکن یہ صورتِ حال قطعی غیر ارادی اور غیر اختیاری ہوتی ہے۔ اس کے لئے شاعر کا عجزِ بیان ہرگز قابلِ قبول نہیں کیوں کہ شاعر عجزِ بیان کا

شکار اپنی کم علمی یا کم فہمی کے سبب نہیں بلکہ زبان کی تنگ دامانی اور الفاظ کی بے بسی کے سبب ہوتا ہے۔ ہاں، اگر شاعر کا عجزِ بیان ناپختگی کی وجہ سے ہے تو اس پر انگلی اُٹھ سکتی ہے۔

نقصِ زبان: جملوں اور لفظوں کی بعض غلطیاں ایسی بھی ہیں جنہیں صرف علاقائی طور پر غلط یا صحیح کہا جاسکتا ہے۔ ہاں، اگر زبان کے ان مسلّمہ اصولوں سے انحراف کیا گیا ہو جو تقریباً ہر جگہ مشترک ہیں تو شاعر اس انحراف کے لئے جواب دہ ہے۔ ویسے اگر اس انحراف سے بیان مجروح نہیں ہوتا اور زبان کی توسیع کے امکانات پیدا ہوتے ہیں تو شاعر کو حق ہے کہ وہ ایسے نئے نئے تجربے کرے۔ شاعر کو اس بات کے لئے مطعون نہیں کیا جاسکتا۔

زبان و بیان کے اسقام سے پاک کلام ہی کا کوئی ادبی معیار متعیّن کیا جاسکتا ہے اور قدر و قیمت کے تناسب سے اس کے معیار کی درجہ بندی بلند سے بلند اور پست سے پست کے حصار میں کی جاسکتی ہے۔ لیکن اس پر یکسر ناقص یا مہمل ہونے کا حکم لگانے سے پہلے اس پر اچھی طرح غور کر لینا چاہئے اور شاعر کی شخصیت، اس کے مقام اور اس کے علم وفکر کو ملحوظِ نظر رکھنا ضروری ہے۔

علاّمہ اقبالؔ پنجاب کے رہنے والے تھے اور چوں کہ پنجاب کی اردو اور دیگر علاقوں مثلاً دہلی، لکھنؤ یا حیدرآباد کی اردو میں خاصہ فرق ہے۔ اس لئے ان کے کلام میں پنجابی زبان کے اثرات کا پایا جانا غیر فطری نہیں ہے۔ لیکن چوں کہ اردو کی ادبی زبان کم و بیش ہر جگہ مشترک ہے اس لئے کلام میں دہلویت، لکھنویت، حیدرآبادیت یا پنجابیت کی گنجائش اسی حد تک گوارا ہوسکتی ہے جہاں تک اس سے زبان کے مسلّمہ اصولوں پر حرف نہ آتا ہو۔

اقبالؔ کے کلام پر ابتدا ہی سے مختلف مکتبۂ فکر کے دانشوروں کی جانب سے مختلف قسم کے اعتراضات ہوتے رہے ہیں جن میں یہ اعتراض خاصا نمایاں رہا ہے کہ ان کے کلام میں لفظی غلطیاں بکثرت پائی جاتی ہیں۔ یہی وجہ ہے کہ اقبالؔ ہمیشہ اپنے کلام میں حک و اصلاح سے کام لیتے رہے ہیں۔

جب ہم کسی شاعر کے کلام کا مطالعہ کرتے ہیں اور اس مطالعہ سے ہمیں اس کے کلام کا تجزیہ مقصود ہوتا ہے تو ہم اس کے کلام کو مختلف ادوار میں تقسیم کر دیتے ہیں تا کہ شاعر کے ذہنی ارتقاء کا

پتہ چل سکے۔ گویا ہر شاعر ارتقا کی مختلف منزلوں سے گزرتا ہے، اور یہی وجہ ہے کہ جب ایک پختہ کار شاعر اپنے ابتدائی کلام پر نظرِ ثانی کرتا ہے تو اُسے اُس میں خیال و زبان و بیان کی بہت سی کمزوریاں نظر آتی ہیں۔

''بانگِ درا'' کے مطالعے سے پتہ چلتا ہے کہ اقبالؔ نے اپنے بہت سارے کلام میں ترمیمات کی ہیں۔ لیکن فی الوقت ہم محض ان ترمیمات کی وضاحت پر اکتفا کریں گے جو اقبالؔ کی ایک مشہور نظم ''مرزا غالبؔ'' میں رونما ہوئی ہیں۔ یہ نظم مرزا غالبؔ کا وہ پُر تاثیر مرثیہ ہے جس کا جواب شاید اردو ادب میں نہ مل سکے۔ یہ نظم اوّلاً رسالہ ''مخزن'' (ماہ ستمبر ۱۹۰۱ء) میں شائع ہوئی تھی اور شاید دوسری بار نظرِ ثانی کے بعد ''بانگِ درا'' میں شائع ہوئی۔ اقبالؔ نے اس میں کافی ترمیم و تنسیخ کی ہے۔ آیئے ہم دیکھیں کہ اقبالؔ نے اپنی اس نظم میں کیا کیا ترمیمات کی ہیں۔

نظم کا پہلا بند ''مخزن'' میں یوں شائع ہوا ہے:

فکرِ انساں کو تری ہستی سے یہ روشن ہوا ہے پرِ مرغِ تصوّر کی رسائی تا کجا
روح تھا تو اور تھی بزمِ سخن پیکر ترا زیبِ محفل بھی رہا محفل سے پنہاں بھی رہا
دید تیری آنکھ کو اس حسن کی منظور ہے
صورتِ روحِ رواں ہر شئے میں جو مستور ہے

لیکن ''بانگِ درا'' میں پہلے مصرع میں ''کو'' کی جگہ ''پر'' دوسرے مصرع میں ''تصوّر'' کی جگہ ''تخیّل''، تیسرے مصرع میں ''روح تھا تو اور تھی'' کی جگہ ''تھا سراپا روح تو'' اور چھٹے مصرع میں ''صورتِ روحِ رواں'' کی جگہ ''بن کے سوزِ زندگی'' ہے۔ ظاہر ہے یہ ترمیمات اقبالؔ نے کچھ سوچ کر ہی کی ہوں گی۔ ''روشن ہونا'' محاورہ ہے اور اس کے معنی ہیں ''ظاہر ہونا'' اور یہ ''پر'' کے ساتھ مستعمل ہے ''کو'' کے ساتھ نہیں۔ چنانچہ کوئی بات کسی کو روشن نہیں ہوتی بلکہ کسی پر روشن ہوتی ہے۔ اس لئے پہلے مصرع میں ''کو'' کی جگہ ''پر'' نہایت مناسب ترمیم ہے۔

دوسرے مصرع میں ''تصوّر'' کی جگہ ''تخیّل'' کی ترمیم ذرا وضاحت طلب ہے۔ تصور اور تخیل میں جو باریک فرق ہے شاید اسے ایک عام ذہن محسوس نہ کر سکے لیکن خواص ضرور محسوس کریں

گے۔تصوّر حواسِ خمسہ کے حصار میں رہ کر قائم کیا جا سکتا ہے جب کہ تخیّل اس کا پابند نہیں۔ وہ اس حصار کو توڑ کر آگے بھی نکل سکتا ہے۔ یوں تو حسّی ہیجان کی کارفرمائی کے بغیر کسی چیز کا تصور ممکن نہیں لیکن گزشتہ تجربات کی اساس پر کسی نئی چیز کی تعمیر جو فکری سطح پر واقع ہوئی ہو دراصل تخیل ہی کی پیداوار کہی جائے گی، اور وہ قطعی غیر متشکّل ہوگی۔تصوّر کی تصویر ممکن ہے تخیّل کی تصویر ممکن نہیں۔ فلسفہ کی زبان میں ہم تخیّل کو Imageless Thought کہہ سکتے ہیں۔تخیّل کے اس بانکپن نے اقبالؔ کو اپنا گرویدہ بنا لیا تھا اور انہوں نے اپنی شاعری میں اس کا استعمال اتنی کثرت سے کیا کہ اسے علامت کی حیثیت حاصل ہوگئی ___ اس وضاحت کے بعد دوسرے مصرع میں ''تصور'' کو ''تخیل'' سے تبدیل کردینا اقبالؔ کی باریک بینی کا ثبوت ہے۔

تیسرے مصرع میں ''تھا...تو...تھی'' کے یکجا استعمال سے نہ صرف یہ کہ تنافر کی کیفیت پیدا ہوتی ہے بلکہ مصرع کی فصاحت بھی مجروح ہوتی ہے۔اقبالؔ نے ممکن ہے اسی خامی کے پیشِ نظر ''روح تھا تو اور تھی'' کو ''تھا سراپا روح تو'' سے تبدیل کردیا ہو۔لیکن اس تبدیلی کے باوجود مصرع فصیح نہ ہو سکا کیوں کہ اس میں ''سراپا'' کا استعمال بھرتی کا ہو گیا ہے، اور اس مصرع کا دوسرا ٹکڑا ''بزمِ سخن پیکر ترا'' کچھ ناتمام سا رہ گیا ہے۔ زبان کی فصاحت اور تکمیلِ مفہوم کے لئے اس ٹکڑے میں بھی ایک فعل کی ضرورت تھی۔فعل کی اس دشواری نے اقبالؔ سے پہلا مصرع کہلوایا ہوگا جس میں انہوں نے فعل کی دشواری پر تو قابو پالیا لیکن ''تھا تو اور تھی'' کا بھدّا پن سامعہ اور ناطقہ دونوں پر گراں گزرنے لگا۔ چنانچہ انہوں نے اسی میں عافیت سمجھی کہ شعر کے بھدّے پن سے چھٹکارا پالیا جائے چاہے اس عمل سے نقصِ فعل ہی کیوں نہ پیدا ہوتا ہو۔

بند کے آخری مصرع میں ''صورتِ روحِ رواں'' کی تبدیلی معنوی اعتبار سے بڑی اہمیت رکھتی ہے۔اسی کا نام بلندیٔ فکر و تخیل ہے۔ ''بن کے سوزِ زندگی'' یقیناً حکیمانہ ترمیم ہے۔اس تبدیلی سے مصرع میں بلا کی بلاغت آگئی ہے۔لفظ ''سوز'' کو بھی اقبالؔ کے کلام میں علامت کی حیثیت حاصل ہے جو اربابِ فکر و نظر سے پوشیدہ نہیں۔یہ لفظ بھی اقبالؔ کے کلام میں بکثرت آیا ہے۔

نظم کا دوسرا بند ''مخزن'' میں یوں شائع ہوا ہے:

معجز کلکِ تصوّر ہے و یا دیواں ہے یہ یا کوئی تفسیرِ رمزِ فطرتِ انساں ہے یہ
بارشِ موسیٰ کلامی ہائے ہندوستاں ہے یہ نورِ معنی سے دل افروز سخنداناں ہے یہ
نقش فریادی ہے تیری شوخیٔ تحریر کا
کاغذی ہے پیرہن ہر پیکرِ تصویر کا

جولوگ نظم کی تکنیک سے واقف ہیں وہ بخوبی سمجھ سکتے ہیں کہ مندرجہ بالا بند کی وجہ سے اس نظم کا تسلسل برقرار نہیں رہتا کیوں کہ اس نظم کے اگلے پچھلے بندوں میں شاعر براہِ راست غالبؔ سے مخاطب ہے جب کہ اس بند میں وہ غالبؔ کے اوصاف بیان کرنے لگا ہے۔دوسری بات یہ کہ اس بند کے پہلے دونوں اشعار آورد کا شکار ہیں۔پہلے شعر میں ''معجز کلک تصور ہے'' اور ''دیواں ہے یہ'' دونوں ٹکڑے بے محل ہیں۔معجز کے معنی ''عاجز کرنے والا'' کے ہیں اور ''کلک تصور'' کے معنی تصوّر کی کھوکھلی قلم کے۔دوسرا مصرع بے عیب اور اچھا ہے۔پھر تیسرا مصرع مہملیت کا شکار ہوگیا ہے۔''بارش موسیٰ کلامی ہائے ہندوستاں'' ـــــ چہ معنی دارد؟ تیسرے مصرع میں ''دل افروزِ سخنداناں'' بھی اچھی ترکیب نہیں ہے۔

تیسرا شعر تو خیر غالبؔ کے دیوان کا مطلع ہی ہے مگر معمولی تصرّف کے ساتھ۔لیکن یہ مطلع بھی اس بند میں پیوند ہی معلوم ہوتا ہے جس سے کوئی خاص بات پیدا نہیں ہوتی۔غالباً ان ہی گوناگوں نقائص کے پیشِ نظر اقبالؔ نے اس بند کا سراپا ہی بدل دیا ہے۔اب وہی بند ''بانگِ درا'' میں ملاحظہ ہو:

محفلِ ہستی ترے بربط سے ہے سرمایہ دار جسطرح ندّی کے نغموں سے سکوتِ کوہسار
تیرے فردوسِ تخیّل سے ہے قدرت کی بہار تیری کشتِ فکر سے اُگتے ہیں عالم سبزہ زار
زندگی مضمر ہے تیری شوخیٔ تحریر میں
تابِ گویائی سے جنبش ہے لبِ تصویر میں

''مخزن'' میں چھپے بند کے دوسرے اور پہلے شعر کو بالترتیب پہلے اور دوسرے شعر میں کس

خوبی اور شعریت کے ساتھ نظم کیا ہے اہلِ ذوق خود اندازہ کریں۔ اور تیسرے شعر میں غالبؔ کے مطلع کی کیا حسین تشریح کی ہے، سبحان اللہ! ہمارا ایمان ہے کہ مطلع کی اس جاندار تشریح سے غالبؔ کی روح پھڑک اُٹھی ہوگی۔ مختلف شارحین نے غالبؔ کے اس مطلع کی مختلف شرحیں لکھی ہیں لیکن سب کی سب اگر یکسر بے جان نہیں تو نیم جان ضرور ہیں۔

نقش فریادی ہے کس کی شوخیِ تحریر کا
کاغذی ہے پیرہن ہر پیکرِ تصویر کا

شاعر بہ اندازِ تغافل پوچھتا ہے کہ یہ نقش یا پیکر تصویر کس کی شوخیِ تحریر کا فریادی ہے۔ محرر کے جاندار قلم نے ایسا نقش یا تصویری پیکر تراشا ہے جو منھ سے بولتا ہے۔ ایسا لگتا ہے کہ اس کے لب اب ہلے کہ تب ہلے۔ گویا تحریری نقش یا پیکر شاعر سے شاکی ہے کہ اس نے اسے کاغذی کیوں بنایا یعنی تحریر کے ذریعہ کاغذ پر اس کا سراپا کیوں کھینچا۔ اس نے اسے گوشت پوست کا قالب کیوں نہیں عطا کیا۔ دراصل اس شعر میں شاعر خدا کا مدّ مقابل ہے۔ وہ اپنی قدرت کا موازنہ خدا کی قدرت سے بڑے ہی غیر محسوس پیرائے میں کرتا ہے۔ خدا کی مخلوق اور شاعر کی مخلوق میں فرق صرف یہ ہے کہ خدا کی مخلوق گوشت پوست کی ہے اور بولتی ہے جبکہ شاعر کی مخلوق کاغذی ہے اور بولتی تو ہے مگر بے آواز۔ اقبالؔ کا تشریحی شعر دوبارہ پڑھئے اور دیکھئے کہ یہ تشریح دل کو لگتی ہے کہ نہیں۔

اپنے اس نئے بند میں اقبالؔ نے پہلے شعر میں غالبؔ کو شاعرِ عالم، دوسرے شعر میں شاعرِ فطرت اور تیسرے شعر میں مصوّر شاعر کہہ کر نہ صرف فکرِ غالبؔ کا صحیح محاکمہ پیش کیا ہے بلکہ نظم کا تسلسل بھی برقرار رکھا ہے۔

''مخزن'' میں نظم کے چوتھے بند کا پہلا شعر یوں شائع ہوا ہے۔

لطفِ گویائی میں تیری ہم سری ممکن نہیں
ہو تصور کا نہ جب تک فکرِ کامل ہم نشیں

جب کہ ''بانگِ درا'' میں اس شعر کے دوسرے مصرع میں ''تصور'' کی جگہ ''تخیل'' ہے اور اس تبدیلی کے سلسلے میں بھی اقبالؔ کا وہی ذہن کام کر رہا ہے جو ''مرغ تصوّر'' کے سلسلے میں پیش

کیا جا چکا ہے۔

اس بند کا آخری شعر ''مخزن'' میں یوں چھپا ہے ۔

گیسوئے اردو ابھی منّت پذیرِ شانہ ہے
شمع یہ جوئندۂ دل سوزئ پروانہ ہے

جب کہ ''بانگِ درا'' میں اس شعر کے دوسرے مصرع میں ''جوئندۂ'' کی جگہ ''سودائی'' ہے، اور یہ اصلاح شمع اور پروانہ کی مناسبت سے واقعی معقول ہے۔ فارسی لفظ ''جوئندۂ'' نہ صرف یہ کہ ثقیل ہے اور شعر کے مزاج سے میل نہیں کھاتا بلکہ اس سے شعر کا مفہوم بھی کمزور ہو جاتا ہے۔ شمع کی جستجو سے پروانوں کی دل سوزی مشکوک ہو جاتی ہے جب کہ شاعر کا منشا ہرگز یہ نہیں ہے۔ حق بہ حق دار رسید کے مصداق ''سودائی'' واقعی موزوں ترین لفظ تھا۔ اس لفظ نے پورے شعر میں جان ڈال دی ہے۔ اس سے شعر میں بڑی دلربائی اور بلا کی تاثیر پیدا ہو گئی ہے۔

نظم کا آخری بند ''مخزن'' میں یوں ہے:

اے جہاں آباد! اے گہوارۂ علم و ہنر		ہیں سراپا نالۂ خاموش تیرے بام و در
تیرے ہر ذرّہ میں خوابیدہ ہیں سوشمس وقمر		یوں تو پوشیدہ ہیں تیری خاک میں لاکھوں گہر
دفن تجھ میں کوئی فخرِ روزگار ایسا بھی ہے
تجھ میں پنہاں کوئی موتی آبدار ایسا بھی ہے

ہر ذرّہ میں سوشمس وقمر کا پایا جانا بہت مبالغہ آمیز تھا۔ فنِ شاعری میں بے شک مبالغہ کی اہمیت ہے لیکن اس میں توازن کا ہونا ضروری ہے۔ مبالغہ کے اس تجاوز ہی نے اقبال کو اس مصرع کی اصلاح پر مجبور کیا ہوگا۔ چنانچہ ''بانگِ درا'' میں یہ مصرع یوں مرقوم ہے ع

ذرّے ذرّے میں ترے خوابیدہ ہیں شمس وقمر

اور یہ مبالغہ واقعی متوازن بھی ہے اور پُرتاثیر بھی۔

☆☆

تفہیمِ مطلعِ وحشتؔ

علاّمہ وحشتؔ کلکتوی کے اس شعر۔

آئینۂ خیال تھا عکس پذیر راز کا
طور شہید ہو گیا جلوۂ دل نواز کا

کی جو تشریح جناب ثمرؔ آروی نے ''آبشار'' کی ۳۰رمئی ۱۹۷۰ء کی اشاعت میں کی ہے اُسے پڑھ کر ایسا معلوم ہوا جیسے یہ شعر''ایک معمّہ ہے سمجھنے کا نہ سمجھانے کا''۔ غالبؔ کا ایک شعر معمولی تصرف کے بعد شارح کی تشریح کی جامع تعریف کا حق ادا کرسکتا ہے۔

آگہی دام شنیدن جس قدر چاہے بچھائے
مدعا عنقا ہے اپنے عالم ''تشریح'' کا

ثمرؔ صاحب کی تشریح واقعی میرے پلّے نہیں پڑی۔ اگر قارئین کرام اس تشریح سے استفادہ کر سکے ہوں تو مجھے اپنی کم فہمی کا اعتراف ہے۔ ویسے میری ناقص سمجھ تو یہی کہتی ہے کہ اس شعر کی تشریح کے لئے دور کی کوڑی لانے کی چنداں ضرورت نہیں۔ اس کا مفہوم تو بالکل آئینہ ہے۔

بہت مشہور شعر ہے۔

ارض وسماں کہاں تری وسعت کو پا سکے
میرا ہی دل ہے وہ کہ جہاں تو سما سکے

شاعر کہتا ہے کہ اے خدا بظاہر ارض وسماں غایت درجہ وسیع اور عریض ہیں لیکن فی

الحقیقت ان میں اتنی وسعت نہیں کہ تجھے اپنے اندر سمولیں جبکہ میرا دل جو بظاہر نہایت معمولی عرض کا حامل ہے تجھے اپنے اندر سمو لینے کی خاطر خواہ وسعت رکھتا ہے۔ مختصر یہ کہ دل کی وسعت ارض و سماں سے کہیں زیادہ ہے۔

اس میں اور وحشتؔ کے شعر میں مفہوم مشترک ہے۔ اگر کچھ فرق ہے تو اندازِ بیان کا۔ اس شعر میں شاعر نے دل کا موازنہ ارض وسماں سے کیا ہے جس میں ''وسعت'' موضوعِ بحث ہے جب کہ وحشتؔ نے اپنے شعر میں دل کا موازنہ پہاڑ سے کیا ہے جس میں توانائی موضوعِ بحث ہے۔ ایک میں شاعر نے دل کے عرض کو ارض وسماں کے عرض سے وسیع تر بتایا ہے اور ایک میں شاعر نے شیشۂ دل کو پہاڑ سے توانا تر، اور اس طرح دونوں نے ہی قوی ترین حریفوں پر دل کی برتری ثابت کی ہے۔

موضوعِ بحث شعر میں شاعر نے دل کا موازنہ ''طور'' سے محض اس لئے کیا ہے کہ دونوں ہی خدا کے جلوؤں کی آماجگاہ ہیں۔ فرق صرف اتنا ہے کہ ایک شیشہ ہے تو دوسرا سنگ، ایک کی نازکی مسلّم ہے تو دوسرے کی سختی۔ لہٰذا ہلکی سے ہلکی ضرب سے بھی شیشہ کو ہی متاثر ہونا چاہئے، پتھر کو نہیں۔ لیکن نتیجہ بالکل برعکس ہوا۔ شیشہ نے تو خدا کے جلوؤں کا عکس لے لیا لیکن پتھر اس کی تاب نہ لا سکا اور جل کر راکھ ہو گیا۔

اب آیئے دیکھیں کہ وحشتؔ کے اس شعر میں مستعمل الفاظ مفہوم بالا تک ہماری دستگیری کرتے ہیں یا نہیں۔ شعر کی نثر یوں ہوتی ہے:

آئینۂ خیال (تو) راز کا عکس پذیر تھا (لیکن) طور جلوۂ دل نواز کا شہید ہو گیا۔

''آئینۂ خیال'' سے شاعر کی مراد بصیرت کا آئینہ یعنی آئینۂ دل ہے اور ''راز'' سے رازِ خداوندی یعنی نورِ الٰہی جس کا عرفان صرف اہلِ دل کو ہوتا ہے جس کا دل عشق ومحبت کی صیقل سے رشکِ آئینہ بنا ہوتا ہے۔ جیسا کہ شادؔ عظیم آبادی نے بھی کہا ہے۔

جوان کو بے حجاب اے شادؔ دیکھا چاہتے ہو تم
جِلا دو اور بھی آئینۂ قلبِ مصفا کو

''طور'' سے ایک لمبی کہانی منسوب ہے اوراس سے بہت ساری باتیں وابستہ ہیں۔اس لئے جب ادب میں اس کا استعمال ہوتا ہے تو یہ تنہا نہیں بلکہ بہت سارے تلازموں کے ساتھ پردۂ ذہن پر اُبھرتا ہے۔لیکن زیرِ بحث شعر میں شاعر نے اسے نہایت محدود معنی میں استعمال کیا ہے۔یعنی طور بمعنی پہاڑ جس پر جلوۂ الٰہی کا ظہور ہوا تھا اور جو اس کی تاب نہ لا کر شہید ہو گیا تھا اور بس۔موسیٰ اور خدا کے مابین مکالمہ اور پھر موسیٰ کی بے ہوشی و دیگر متعلق باتوں سے اس شعر کو کوئی واسطہ نہیں، اور یہ محض اس لئے کہ شاعر کو آئینۂ دل کا موازنہ پتھر کی انتہائی عظیم شکل پہاڑ سے کرنا مقصود ہے اوراس کے لئے شاعر کی نظرِ انتخاب ''کوہِ طور'' پر ہی خصوصیت سے اس لئے پڑی کہ اس پر نورِ الٰہی کا ظہور ہوا تھا۔دل اور سنگ میں شیشہ وسنگ کا تضاد بھی ہے اور نورِ الٰہی کے تعلق سے اتفاق واشتراک بھی، کیوں کہ دل کو خدا کا گھر کہا جاتا ہے۔اس شعر میں دوسرا نہایت بلیغ لفظ ''جلوۂ دل نواز'' ہے۔یہ لفظ پہلے مصرعہ میں مستعمل لفظ ''راز'' کا بدل ہے۔آئینۂ دل راز یعنی جلوۂ الٰہی کا عکس پذیر تھا۔مطلب یہ کہ خدا نے دل کو اپنے جلوہ سے نوازا۔گویا خدا کا جلوہ دل نواز تھا اور یہی جلوہ جو دل کا نوازنے والا ہے جب کوہِ طور پر ظاہر ہوا تو طور نواز ثابت نہیں ہوا بلکہ اس کی شہادت کا باعث بن گیا۔اس سے ثابت ہوتا ہے کہ پتھر شیشہ کے مقابلہ میں ہیچ ہے۔پہاڑ دل کی ہمسری نہیں کرسکتا۔اس توضیح کے بعد اس شعر کی مختصر تشریح یوں ہوتی ہے:

تشریح :دل ایک صاف وشفاف آئینہ ہے اوراس درجہ نازک کہ ہلکی سی چوٹ کا بھی متحمل نہیں ہوسکتا، جب کہ طور نہایت سنگین اور بلند و بالا پہاڑ ہے جس پر سخت ترین ضرب کا بھی کوئی اثر نہیں ہوسکتا۔شاعر نے دل کی نازکی اور کوہِ طور کی سنگینی کا موازنہ کرتے ہوئے ثابت کیا ہے کہ دل بہر حال پہاڑ سے زیادہ مقدور رکھتا ہے۔عبادت وریاضت سے اس میں پاکیزگی وتوانائی آتی ہے اور یہ اپنی تمام تر نازکی کے باوجود خدا کے جلوؤں کو قبول کرنے کی قدرت رکھتا ہے جب کہ پہاڑ جو نسبتاً زیادہ طویل، عریض اور سنگین ہے خدا کی تجلی کے تاب لانے کی قوت نہیں رکھتا جیسا کہ موسیٰ کلیم اللہ کے اس واقعہ سے ثابت ہے۔جب انہوں نے خدا کے جلوے کو دیکھنے کے لئے اصرار کیا تھا اور جب خدا کی تجلی کوہِ طور پر نمودار ہوئی تو کوہِ طور اپنی تمام تر سنگینی کے باوجود اس کی تاب نہ لا سکا اور

جل کر خاک سیاہ ہو گیا۔

شاعر کا کہنا ہے کہ دل کا آئینہ تو رازِ خداوندی یعنی نورِ الٰہی کا حامل ہو گیا (جو ایک کلیہ مصدقہ ہے) لیکن کوہِ طور جلوۂ دل نواز کی تاب نہ لا سکا اور شہید ہو گیا (جو موسیٰ کلیم اللہ کے واقعہ سے ثابت ہے)۔

☆☆

شرحِ نعتِ پاکِ سوؔدا

میرزا محمد رفیع سوؔدا کے دو نعتیہ قصیدوں کے چند اشعار W.B.C.S. کے اردو کے امتحانات میں ہر سال تشریح کے لئے دئے جاتے تھے، اور تقریباً ہر سال ہی کچھ طلبا ان اشعار کی تشریح کے لئے میرے یہاں آیا کرتے تھے۔ میں نے سوچا کیوں نہ نعت پاک کے دونوں مطلعوں کی تشریح کردی جائے تاکہ ہر سال کی دردِ سری سے چھٹکارا مل جائے۔ اس خیال کا آنا تھا کہ دو چار بیٹھکوں میں پوری نعتوں کی تشریح کرڈالی لیکن کسی وجہ سے اس کی اشاعت نہ ہوسکی۔ یہ تشریح یونہی پڑی رہی۔ آج جب میرے چند مضامین کی اشاعت ہونے لگی تو سوچا کیوں نہ اس کی بھی اشاعت کردی جائے تاکہ ہمیشہ کے لئے محفوظ ہوجائے۔ (حشم الرّمضان)

مطلعِ اوّل

(۱)

ہوا جب کفر ثابت، ہے وہ تمغائے مسلمانی
نہ ٹوٹی شیخ سے زنّارِ تسبیحِ سلیمانی

کفر کا ثابت ہونا یا کفر کا وجود اسلام کے لئے وہ تمغۂ امتیاز ہے کہ شیخ کی تمام تر کوششوں

کے باوجود تسبیح سلیمانی یعنی تسبیح کے دانوں کی زنّار نہ ٹوٹ سکی۔ زنّار سے مُراد دھاگہ ہے اور تسبیحِ سلیمانی سے تسبیح کے دانے۔ تسبیح کھینچنے کا رواج حضرت سلیمان علیہ السّلام کے زمانے سے جاری ہے۔ یہی وجہ ہے کہ تسبیح کو تسبیحِ سلیمانی کہتے ہیں۔ دھاگہ یا زنّار جنیو کو کہتے ہیں جسے اونچی ذات کے ہندو گلے اور بازو میں پہنتے ہیں۔ شاعر کے کہنے کے مطابق کفر و اسلام ایک دوسرے کے لئے لازم وملزوم ہیں۔ زنّار کا ٹوٹنا تسبیح کے دانوں کا بکھرنا ہے۔ اسلام کا وجود کفر سے ہے۔ باطل کے بغیر حق کی تمیز ممکن نہیں۔ رات کے بغیر دن کا تصوّر ممکن نہیں۔ کسی شاعر نے اسی مفہوم کو یوں ادا کیا ہے ؎

کفر کچھ چاہئے اسلام کی رونق کے لئے
حُسن زنّار ہے تسبیحِ سلیمانی کا

....

(۲)

ہنر پیدا کر اوّل، ترک کیجو تب لباس اپنا
نہ ہو جوں تیغِ بے جوہر و گرنہ ننگِ عریانی

انسان کو چاہئے کہ پہلے اپنے اندر ہنر پیدا کرے اور تب بے لباسی اختیار کرے یعنی کھُل کر سامنے آئے۔ اُسے تیغِ بے جوہر یعنی زنگ آلود تلوار کی طرح نہیں ہونا چاہئے کہ نیام سے باہر آئے تو اس کی ناکارگی کا بھرم کھُل جائے اور اس پر عریانی کی لعنت ملامت ہونے لگے۔ شاعر کے کہنے کا مطلب یہ ہے کہ انسان کے اندر اگر قابلیت یا صلاحیت نہ ہو تو اس کے لئے خاموش رہنا ہی بہتر ہے۔ خاموشی کا لباس اُس وقت ترک کرنا چاہئے جب اپنے اندر کچھ ہنر بھی ہو ورنہ بھرم جاتا رہے گا۔

....

(۳)

فراہم زر کا کرنا باعثِ اندوہِ دل ہووے
نہیں کچھ جمع سے غنچہ کو حاصل جُز پریشانی

دولت جمع کرنا دل کی تکلیف کا سبب بنتا ہے۔ زرِگُل جمع کرنے سے کلی کو پریشانی کے سوا کچھ حاصل نہیں ہوتا۔ غنچے کے قلب میں کچھ سنہرے ذرّات جمع ہوتے رہتے ہیں۔ ایک دن ایسا آتا ہے کہ ذرّوں کے بوجھ سے غنچے کا سینہ پھٹ جاتا ہے یعنی غنچہ کھِل اُٹھتا ہے اور اس کی بند پنکھڑیاں کھُل جاتی ہیں یعنی منتشر ہو جاتی ہیں۔ گویا زر کا اکٹھا کرنا ہی غنچے کی پریشانی کا سبب ہوا۔ اسی طرح انسان بھی دولت جمع کر کے تفکرات مول لیتا ہے اور پریشانی میں پڑتا ہے۔ ؔتحر نے کہا ہے ؎

گُل تنگ حوصلہ تھا نہ دولت پچا سکا
سونے کا ایک کھا کے نوالہ اُپھر گیا

....

(۴)

خوشامد کب کریں عالی طبیعت اہلِ دولت کی
نہ جھاڑی آستینِ کہکشاں شاہوں کی پیشانی

عالی طبیعت یعنی خوددار لوگ دولت والوں کی خوشامد کبھی نہیں کرتے۔ کہکشاں نے اپنی آستین سے بادشاہوں کی پیشانی کبھی نہیں پونچھی۔ کہکشاں متعدد ستاروں کی قطار کو کہتے ہیں جو نیلے آسمان کی بلندی پر جگمگاتی ہے۔ شاعر کے کہنے کا مطلب یہ ہے کہ خوددار انسان اہلِ دولت یا اہلِ حکومت کی چاپلوسی یا غلامی نہیں کرتا۔

....

(۵)

عروجِ دستِ ہمت کو نہیں ہے قدرِ بیش و کم
سدا خورشید کی جگ پر مساوی ہے زرافشانی

عروجِ دست ہمت یعنی سخاوت کے بلند و بالا ہاتھ کو کمی بیشی پسند نہیں۔ سورج دنیا میں کرنوں کی بارش ہمیشہ یکساں کرتا ہے۔ مطلب یہ کہ جس طرح سورج روشنی بانٹنے میں چھوٹے بڑے، اہم اور غیر اہم کی تخصیص نہیں کرتا اسی طرح سخی بھی سخاوت میں تفریق نہیں کرتا۔

....

(۶)

کرے ہے الفتِ ایام ضائع قدر مَردوں کی
ہوئی جب تیغ زنگ آلود کم جاتی ہے پہچانی

الفتِ ایام یعنی دنیا پرستی مَردوں کی قدر و قیمت گھٹا دیتی ہے جیسے کہ زنگ آلود تلوار پہچانی نہیں جاتی۔ تلوار میں اگر زنگ لگ جائے تو اس کی کاٹ جاتی رہتی ہے اور وہ ناکارہ ہو جاتی ہے۔ ٹھیک اسی طرح اگر انسان دنیا سے لَو لگائے تو اس سے اس کی مردانگی کا جوہر چھن جاتا ہے اور وہ کسی کام کا نہیں رہ جاتا۔ مصلحت اندیشی اُسے کچھ کرنے نہیں دیتی۔ تعلقات اس کے قدم روک دیتے ہیں۔

....

(۷)

اکیلا ہو کے رہ دنیا میں گر چاہے بہت جینا
ہوئی ہے فیض تنہائی سے عمرِ خضر طولانی

اگر انسان چاہے کہ اُسے لمبی عمر ملے تو اسے اکیلا رہنا چاہئے یعنی تجرد کی زندگی بسر کرنی چاہئے۔ دنیا سے ناطہ رکھنا تفکرات کو دعوت دینا ہے۔ فکر و غم انسان کو گھلا دیتے ہیں۔ نتیجے کے طور پر

انسان کی عمر گھٹ جاتی ہے۔حضرت خضر علیہ السّلام کی عمر لمبی اس لئے ہے کہ انہیں تنہائی کا فیض پہنچتا ہے۔

....

(۸)

ازیت وصل میں دونی جُدائی سے ہو عاشق کو
بہت رہتا ہے نالاں فصلِ گل میں مرغِ بُستانی

محبوب سے جُدائی کے ایام میں ایک عاشق کو سخت ازیت پہونچتی ہے۔ یہ حقیقت اپنی جگہ مسلّم ہے لیکن شاعر کے خیال میں یہ ازیت یا تکلیف محبوب سے وصل یا ملاقات کے عالم میں دونی ہو جاتی ہے۔جس طرح بلبل موسمِ خزاں میں چیختا چلاتا تو ہے لیکن اتنا نہیں جتنا کہ موسم بہار میں۔فراقِ گل میں بلبل نالاں تو رہتا ہے لیکن جب اسے گل سے وصال نصیب ہوتا ہے تو اُس کے نالے کچھ اور شدّت اختیار کر لیتے ہیں۔ وصل کے عالم میں محبوب سے الگ ہونے کا احساس جاگتا ہے اور یہ احساس اتنا شدید اور تکلیف دہ ہوتا ہے کہ نہ صرف یہ کہ اگلی جدائی کا غم ہرا کر دیتا ہے بلکہ اس تازہ ملاقات کا سارا تلذذ یکسر زائل کر دیتا ہے اور عاشق دوہری ازیت میں مبتلا ہو جاتا ہے۔

....

(۹)

موقر جان اربابِ ہنر کو بے لباسی میں
کہ ہو جو تیغِ با جوہر اُسے عزت ہے عریانی

ہنر والوں کی بے لباسی اُن کا وقار بڑھاتی ہے کیوں کہ اگر تلوار آبدار ہو تو اُس کی عریانی ہی اُس کی عزت کا سبب بنتی ہے۔تلوار جب تک نیام میں ہوتی ہے اُس کی چمک دمک پوشیدہ رہتی ہے لیکن جیسے ہی وہ بے لباسی اختیار کرتی ہے یعنی نیام سے باہر آتی ہے اس کی آب و تاب آنکھوں کو

خیرہ کر دیتی ہے۔ٹھیک اسی طرح جب ہنر مند میدانِ عمل میں قدم رکھتا ہے تو اس کے جوہر کھُلتے ہیں اور ان کا وقار بڑھ جاتا ہے۔

اس شعر کا ہم مفہوم شعر اسی قصیدے کا دوسرا شعر بھی ہے۔

....

(۱۰)

برنگِ کوہ رہ خاموش حرفِ ناسزا سُن کر
کہ تا بد گو صدائے غیب سے کھینچے پشیمانی

انسان کو چاہیئے کہ گالیاں سُن کر پہاڑ کی طرح خاموش رہے تا کہ گالیاں دینے والا آوازِ بازگشت یعنی اپنی ہی لوٹتی ہوئی آواز سن کر شرمندہ ہو۔جس طرح آسمان پر تھوکنے والے کی تھوک اسی کے منہ پر آتی ہے ٹھیک اسی طرح گالیاں دینے والے کی گالیاں پہاڑ سے ٹکرا کر اسی کو لگتی ہیں۔مخالف کی خاموشی بد گو کی شرمندگی کا سبب بن جاتی ہے۔

....

(۱۱)

یہ روشن ہے برنگِ شمع ربطِ باد و آتش سے
موافق گر نہ ہوئے دوست، ہے وہ دشمنِ جانی

ہوا اور آگ کے تعلق سے یہ بات شمع کی طرح روشن ہے کہ اگر دوست موافق نہ ہو تو وہ جان کا دشمن ثابت ہوتا ہے۔ ہوا کے بغیر آگ کا جلنا ممکن نہیں گویا ہوا آگ کے لئے لازمی ہے لیکن اس کے ساتھ یہ شرط بھی ہے کہ ہوا موافق ہو۔اگر ہوا شمع کی طبیعت کے ناموافق ہوئی تو شمع بجھ جاتی ہے۔دوست کی دشمنی جان لیوا ثابت ہوتی ہے۔

....

(۱۲)

نہیں غیر از ہوا کوئی ترقی بخش آتش کا
نفس جب تک ہے داغِ دل سے فرصت کیوں کہ ہے پانی

ہوا کے سوا آگ کو بھڑ کانے والی کوئی دوسری چیز نہیں۔اس لئے انسان کے جسم میں جب تک سانس یعنی ہوا ہے وہ داغِ دل یعنی محبت کی آگ سے کیوں کر فرصت پا سکتا ہے۔عاشق جیتے جی محبت کی آگ میں جلتا رہتا ہے کیوں کہ سانس اِس آگ کو ہوا دیتی رہتی ہے۔

....

(۱۳)

کرے ہے دہر زینت ظالموں پر تیرہ روزی کو
کہ زیبِ تُرک چشمِ یار سرمہ ہے صفاہانی

دہر یعنی زمانہ مظلوموں یعنی عاشقوں کی تیرہ روزی یعنی بدبختی کو ظالموں یعنی معشوقوں کی آرائش کا سامان بنا دیتا ہے۔تُرکی آنکھوں والے محبوب کو صفاہانی سرمہ بڑا زیب دیتا ہے۔اصفہان سرمہ اور تلوار کے لئے بڑا مشہور ہے۔گویا عاشقوں کی تیرہ نصیبی معشوقوں کی آنکھوں کے لئے سرمہ کا کام کرتی ہے۔

....

(۱۴)

طلوعِ مہر ہو پامالِ حسرت آسماں اوپر
لکھوں گا پھر غزل گر اِس زمیں میں مطلعِ ثانی

یہ تعلّی کا شعر ہے۔اس میں شاعر یعنی سوداؔ نے اپنے فنِ شاعری کی آپ تعریف کی

ہے۔ شاعر کا کہنا ہے کہ اگر شاعری کی اِس زمین یعنی وزن بحر میں وہ دوسرے مطلع کے ساتھ پھر ایک غزل لکھ دے تو آسمان پر طلوعِ آفتاب حسرت سے پامال ہو جائے۔ یعنی شاعر کی اس غزل کے مطلع کی چمک دمک کے سامنے آفتاب کی چمک ماند پڑ جائے اور وہ حسرت اور رشک سے شاعر کی دوسری غزل کے مطلع کو تکنے لگے۔

....

مطلع ثانی

(۱)

عجب نادان ہیں جن کو ہے عُجبِ تاجِ سلطانی
فلک بالِ ہما کو پل میں سونپے ہے مگس رانی

بڑے ناسمجھ ہیں وہ جنہیں اپنے تاجِ شاہی پر غرور ہے۔ فلکِ کج رفتار کسی کا نہیں ہوتا۔ وہ چاہے تو پَل میں ہُما کے پَر کو مکھیّاں ہنکانے کا کام سونپ دے۔ ہُما اُس خیالی پرندے کو کہتے ہیں جس کے بارے میں یہ کہا جاتا ہے کہ اگر اس کا سایہ کسی کے سر پر پڑ جائے تو وہ بادشاہ ہو جائے۔ فلک جب بادشاہ ساز کی ایسی دُرگت بنا سکتا ہے تو ایک بادشاہ کے سر سے تاج اُتارتے اُسے کتنی دیر لگے گی۔

....

(۲)

نہیں معلوم اُن نے خاک میں کیا کیا مِلا دیکھا
کہ چشمِ نقشِ پا سے تا عدم نکلی نہ حیرانی

قدموں کے نشان زمین پر بنتے ہیں اور یہ نشانات رہتی دنیا تک بنتے رہیں گے۔ شاعر نے نقشِ پا یعنی پیر کے نشان کو چشم یعنی آنکھ سے تعبیر کیا ہے اور وہ آنکھ بھی کیسی، حیرانی بھری آنکھ۔ شاعر نے اگر چہ ''نہیں معلوم'' کہہ کر تجاہلِ عارفانہ سے کام کام لیا ہے۔ لیکن لاعلمی کے اس انداز سے اس بات کا اشارہ بھی ملتا ہے کہ زمین پر بنی آنکھوں نے بڑے بڑے شہنشاہوں، سورماؤں اور پری جمالوں کو خاک میں ملا دیکھا اور حیران رہ گئیں اور یہ حیرانی قیامت تک نہ گئی۔

....

(۳)

ہماری آہ دل تیرا نہ نرماوے تو یا قسمت
وگر نہ دیکھ آئینہ کو پتھر ہو گئے پانی

ایک عاشق کی آہ نہایت کمزور اور نازک ہوتی ہے لیکن اس کے باوجود اس میں اتنی گرمی ہوتی ہے کہ معشوق کے پتھر دل کو پگھلا دے۔ جب آئینہ جیسی کمزور اور نازک شئے کو دیکھ کر پتھر پانی ہو سکتے ہیں تو عاشق کی آہ معشوق کے دل کو کیوں نہیں نرما سکتی۔ اگر وہ ایسا نہ کر سکے تو یہ عاشق کی بدقسمتی ہے۔

....

(۴)

تری زلفوں سے اپنی روسیاہی کہہ نہیں سکتا
کہ ہے جمعیتِ خاطر مجھے اُن کی پریشانی

محبوب کے چہرے پر بکھری ہوئی زلفیں عاشق کو بھلی لگتی ہیں۔ اسے ایسا لگتا ہے جیسے چاند کالی گھٹاؤں سے جھانک رہا ہو۔ محبوب کے چہرے کی یہ دھوپ چھاؤں اس کے دل کو تسکین دیتی ہے۔ ایسے میں عاشق نہیں چاہتا کہ اپنی روسیاہی محبوب کی زلفوں سے کہے۔ عاشق عشقِ مجازی کا مرتکب ہوا ہے جو گناہ ہے، بدنامی ہے، روسیاہی ہے، اور یہ روسیاہی اتنی گہری ہے کہ اگر محبوب کی

سیاہ زلفیں سُن لیں تو اپنے آپ کو سیاہی میں کمتر سمجھنے لگیں اور شرم سے سمٹ جائیں، اور عاشق کو منظور نہیں کہ محبوب کی زلفیں سِمٹیں اور اس کی نگاہوں سے اس کی جنت چھن جائے۔

....

(۵)

زمانہ میں نہیں کھلتا ہے کارِ بستہ ، حیراں ہوں
گِرہ غنچے کی کھولے ہے صبا کیوں کر بآسانی

انسان کی زندگی میں بہت ساری اُلجھنیں ہیں۔ وہ کارِ بستہ یعنی زندگی کی گتھیوں کو سلجھانا چاہتا ہے لیکن وہ سلجھنے کا نام نہیں لیتیں۔ شاعر حیران ہے کہ صبا یعنی موسمِ بہار میں پورب سے بہنے والی ہوا منھ بند غنچوں کو اتنی آسانی سے کیوں کر کھول دیتی ہے جبکہ اہلِ زمانہ اپنی مشکلوں کو اتنی آسانی سے حل نہیں کر پاتے۔ موسمِ بہار میں پُروائی بہتے ہی غنچے شگفتہ ہو جاتے ہیں۔

....

(۶)

جنوں کے ہاتھ سے سرتاقدم کاہیدہ اتنا ہوں
کہ اعضاء دیدۂ زنجیر کی کرتے ہیں مژگانی

عشق کے پاگل پن نے عاشق کے جسم کو اس قدر گھٹا دیا ہے یعنی اس قدر دبلا پتلا کر دیا ہے کہ اس کے اعضاء دیدۂ زنجیر یعنی زنجیر کی کڑیوں کی جو آنکھ کی طرح مدوّر ہوتی ہیں، مژگانی کرنے لگتے ہیں، یعنی زنجیری آنکھوں کی مژگاں معلوم پڑتے ہیں۔ عشق کی صعوبتوں نے عاشق کے ہاتھ پاؤں کو اتنا دبلا کر دیا ہے کہ زنجیریں انہیں جکڑ نہیں پاتیں۔ ایسا لگتا ہے کہ زنجیریں آنکھیں ہوں اور عاشق کے اعضاء ان کی مژگاں۔

....

(۷)

نہ رکھا جگ میں رسمِ دوستی اندوہ روزی نے
مگر زانو سے اب باقی رہا ہے ربطِ پیشانی

انسان کے دن اچھے ہوں تو دوستوں کی کمی نہیں رہتی لیکن بُرے دنوں کا ساتھی کوئی بھی نہیں ہوتا۔ اندوہ روزی یعنی بُرے دنوں کی بدحالی نے دنیا سے رسمِ دوستی ختم کردی ہے۔ بدقسمت انسان کے بُرے دنوں کا ساتھی اگر کوئی بچ رہا ہے تو وہ ہے اُس کا زانو۔ بیچارے نے اپنی پیشانی اپنے زانو میں گاڑ رکھی ہے۔ گویا دکھ کا ساتھی ایک زانو کے سوا کوئی نہیں رہا۔

....

(۸)

سیہ بختی میں اے سوداؔ نہیں طولِ سخن لازم
فقط خامہ کا سر کٹوائے گی ایسی زباں دانی

سوداؔ خود کو مخاطب کرتے ہوئے کہتے ہیں کہ جب قسمت خراب ہو تو گفتگو کو طول دینا لازم نہیں۔ اس زبان دانی سے سوائے اس کے اور کچھ حاصل نہیں کہ قلم کا سر کٹتا رہے۔ اگلے زمانے میں لکڑی یا کنڈے کے قلم سے لکھنے کا رواج تھا۔ جب جب قلم گِھستا اس کا سر تراش کر اسے نوکیلا بنایا جاتا تھا۔ ظاہر ہے طولِ کلام سے صرف قلم کا سر کٹتا رہے گا شاعر کو کسی طرح کی تعریف حاصل نہیں ہوگی۔

....

(۹)

سمجھ، اے نا قباحت فہم کب تک یہ بیاں ہوگا
ادائے چینِ پیشانی و لطفِ زلفِ طولانی

سمجھ، اے خرابیوں کے نہ سمجھنے والے۔ حسن و عشق کی باتیں کب تک ہوتی رہیں گی۔ محبوب کی حسین شکن آلود پیشانی کے انداز اور اس کی لمبی سیاہ زلفوں کے لطف کی گفتگو کب تک ہوتی رہے گی۔ زلف ورخسار کا ذکر چھوڑ اور کچھ کام کی باتیں کر۔

....

(۱۰)

خدا کے واسطے باز آ تو اب ملنے سے خوباں کے
نہیں ہے اُن سے ہرگز فائدہ غیر از پشیمانی

خدا کا واسطہ دے کر شاعر اپنے آپ کو محبوبانِ مجازی کے ملنے سے باز رکھنا چاہتا ہے کیوں کہ حسن و عشق یا زلف ورخسار کی باتیں کرنے سے شرمندگی کے سوا کچھ حاصل نہیں۔

(۱۱)

نظر رکھنے سے حاصل اُن کی چشم و زلف کے اوپر
مگر بیمار ہووے صعب یا کھینچے پریشانی

محبوبانِ مجازی کی چشم و زلف پر نظر رکھنے سے کچھ حاصل نہیں سوائے اس کے کہ بیمارِ عشق کی مشکلوں میں کچھ اور اضافہ ہو اور اسے پریشانیاں اُٹھانی پڑیں۔

....

(۱۲)

نکال اِس کفر کو دل سے کہ اب وہ وقت آیا ہے
برہمن کو صنم کرتا ہے تکلیفِ مسلمانی

شاعر اپنے آپ کو مخاطب کر کے کہتا ہے کہ اگر تو غیر از خدا یعنی محبوبِ دنیوی سے محبت کرتا ہے تو یہ کفر ہے۔ اسے اپنے دل سے نکال دے۔ اب تو اسلام کا وہ بول بالا ہے کہ صنم خود اپنے

پرستار یعنی برہمن کو اسلام قبول کرنے کی ترغیب دیتا ہے بلکہ یوں کہئے حکم دیتا ہے کیوں کہ فارسی میں تکلیف کے معنی حکم دینے کے ہیں۔

....

(۱۳)

زہے دینِ محمدؐ پیروی میں اُس کی جو ہووے
رہے خاکِ قدم سے اُس کی چشمِ عرش نورانی

دینِ محمدؐ یعنی اسلام کیا مبارک مذہب ہے کہ جو بھی اِس کی پیروی کرے یعنی اِس کے بتائے ہوئے راستوں پر چلے اُس کے پاؤں کی دھول سرمہ بن جائے اور اُڑ کر آسمان کی آنکھوں کو روشن اور نورانی کرے۔

....

(۱۴)

مَلک سجدہ نہ کرتے آدمِ خاکی کو، گر اُس کی
امانت دارِ نورِ احمدیؐ ہوتی نہ پیشانی

خاک سے بنے آدمؑ کو فرشتے سجدہ نہیں کرتے اگر اُن کی پیشانی نورِ احمدی کی امانت دار نہ ہوتی۔ اس سے ثابت ہے کہ فرشتوں نے آدم کو نہیں بلکہ اُس نورِ احمدی کو سجدہ کیا تھا جسے خدا نے حضرت آدم کی پیشانی میں محفوظ کر دیا تھا۔

....

(۱۵)

اُسی کو آدم و حوا کی خلقت سے کیا پیدا
مُراد الفاظ سے معنی ہیں یا آیاتِ قرآنی

شاعر کہنا چاہتا ہے کہ آدم وحوا کی تخلیق سے خدا کو اُسی کو یعنی حضرت محمدؐ کو پیدا کرنا مقصود تھا۔ آدم وحوا تو محض الفاظ ہیں اور الفاظ معنی کا لباس ہوتے ہیں معنی نہیں۔ گویا آدم وحوا کے الفاظ میں حضرت محمدؐ معنی بن کر روپوش ہیں۔ اگرچہ قرآنی آیتوں سے آدم وحوا کی تخلیق ثابت ہے لیکن یہ تو محض الفاظ ہیں اِن کے اندر جو معنی پوشیدہ ہیں وہ یہ کہ خدا نے حضرت محمدؐ کی تخلیق کی، آدم و حوا کی نہیں۔ آدمؑ تو محض وسیلے کے لئے پیدا کیے گئے تا کہ اُن کی پیشانی میں محمدؐ کا نور محفوظ رہ سکے۔

....

(۱۶)

خیالِ خُلق گر اُس کا شفیع کافراں ہووے
رکھیں بخشش کے سر منت یہودی اور نصرانی

اگر حضرت محمدؐ کے اخلاقِ حسنہ کا ارادہ کافروں کی شفاعت کا ہو جائے تو حضرت موسیٰؑ اور حضرت عیسیٰؑ کی امتیں بھی بخشش کی امید رکھ سکتی ہیں۔ یعنی اگر حضورؐ کے اخلاق سے خدا کے منکر تک بخش دیئے جائیں تو یہودی اور نصرانی کیوں اپنی بخشش کی امید نہ رکھیں جب کہ وہ خدا پرست بھی ہیں۔ لہٰذا اُس بخشش کے سر وہ اپنی التجا رکھیں گے۔

....

(۱۷)

زباں پر اُسکی گزرے حرف جس جاگہ شفاعت کا
کرے واں ناز آمرزش یہ ہر اک فاسق وزانی

حضرت محمدؐ کی زبان مبارک سے جہاں شفاعت کا لفظ ادا ہو جائے وہاں ہر گنہگار اور زنا کار آپ کی بخشش پر ناز کرنے لگے۔ مطلب یہ کہ حضورِ اکرم کی عظمت یہ ہے کہ آپؐ جسے چاہیں بخش دیں حتیٰ کہ فاسق وزانی بھی آپ کی بخشش سے فیضیاب ہو سکتے ہیں۔

....

(۱۸)

رکھا جب سے قدم مسند پر آ اُن نے شریعت کی
کرے ہے موجِ بحرِ معدلت تب سے یہ طغیانی

جب سے حضرت محمدؐ نے شریعت کی مسند پر قدم رکھا تب سے عدل و انصاف کے سمندر میں سیلاب آ گیا۔ مطلب یہ کہ طلوعِ اسلام سے پہلے بے ایمانی عام تھی۔ جبر و استبداد کا دار دورہ تھا۔ لیکن جب حضرت محمدؐ مسندِ نبوت پر فائز ہوئے اور مذہب اسلام کو رواج دیا سارے ظلم و تشدد ختم ہو گئے۔ عدل و انصاف کے سمندر کی موجوں میں طغیانی آ گئی۔ شیر بکری ایک گھاٹ پانی پینے لگے۔

....

(۱۹)

اگر نقصان پر خس کے شرر کا ٹک ارادہ ہو
کُرہ کو آگ کے وو ہیں کرے غرق آن کر پانی

خس یعنی تنکا اور شرر یعنی چنگاری میں دوستی ممکن نہیں۔ خس کمزور ہے اور شرر طاقتور۔ ایک معمولی چنگاری خس و خاشاک کے ڈھیر کو آناً فاناً جلا کر راکھ کر سکتی ہے۔ لیکن اگر شرر کا ذرا بھی ارادہ ہوا کہ وہ خس کو نقصان پہونچائے تو فوراً عدل کے سمندر میں سیلاب آ جائے اور آگ کے گولے یعنی آفتاب کو غرقاب کر دے جو ادنیٰ چنگاری کا اعلےٰ روپ ہے۔ عدلِ اسلامی نے کمزور کی زندگی کی بھی ضمانت دی ہے۔ ظالم اُس پر ظلم نہیں کر سکتا۔

....

(۲۰)

موافق گر نہ کرتا عدل اُس کا آب و آتش کو
تو کوئی سنگ سے بنتی تھی شکلِ لعلِ رُمّانی

اگر حضور اکرم صلعم کا انصاف پانی اور آگ یعنی سرد و گرم کو موافق نہ کرتا یعنی انہیں معتدل نہ کرتا سنگریزے قیمتی ہیروں کی شکل اختیار نہ کرتے۔ رُمّان یعنی انار کے دانوں کی طرح سرخ یاقوت نہ بنتے۔ اسلام کی آمد سے پہلے عرب میں لاقانونیت پھیلی ہوئی تھی۔ جور و ظلم کا بول بالا تھا۔ کمزوروں کا زندہ رہنا محال تھا۔ اِسلام نے عدل و انصاف کی فضا قائم کی اور جوہرِ قابل کو پھلنے پھولنے کا موقع دیا۔

....

(۲۱)

یہ کیا انصاف ہے یارو کہ طیر و وحش تک جگ میں
اس امن و عیش سے اپنی بسر اوقات لیجانی

اللہ اللہ انصاف کا کیا عالم ہے کہ جنگل کے پرندے اور درندے بھی اس دنیا میں امن و چین سے اپنی زندگی گزارنے لگے ہیں۔ آمدِ اسلام سے سارے عالم میں عدل و انصاف کا بول بالا ہوا۔ انسان تو انسان چرندے، پرندے اور درندے بھی عیش و آرام کی زندگی بسر کرنے لگے۔

....

(۲۲)

پلے ہے آشیاں میں باز کے، بچہ کبوتر کا
شباں نے گرگ کو گلہ کی سونپی ہے نگہبانی

باز اور کبوتر کا تعلق ظالم و مظلوم کا ہے۔ باز طاقتور ہے اور کبوتر کمزور۔ یہ بے چارہ باز کی خوراک بنتا رہتا ہے۔ یہی تعلق بھیڑیئے اور بھیڑ میں ہے۔ بھیڑیا خونخوار ہوتا ہے اور بھیڑوں کا شکار کرتا رہتا ہے۔ لیکن اسلام نے طاقت کی بالا دستی ختم کردی۔ عدل و انصاف کو عام کیا۔ اب عالم

یہ ہے کہ کبوتر کا بچہ باز کے گھونسلے میں پلنے لگا ہے اور بھیڑیا بھیڑوں کی رکھوالی کرنے لگا ہے۔ چرواہے نے ریوڑ کی نگرانی بھیڑیئے کو سونپ دی ہے۔ یعنی اسلام نے میل محبت اور بھائی چارہ کا وہ جذبہ عام کیا کہ سب شیر وشکر ہو کر رہنے لگے۔ ظلم وتشدد کا نام ونشان مٹ گیا۔

....

(۲۳)

ہما آسا ہے پروازِ ملخ اوجِ سعادت پر
کرے ہے مور چڑھ کر سینۂ دو پر سلیمانی

اسلام کے آنے سے ایک معمولی مکھّی کی اُڑان ہما کی مانند خوش بختی کی بلندی پر ہونے لگی ہے۔ ایک حقیر اور نا قابلِ قدر چیونٹی (دو) دیو کے سینے پر چڑھ کر سلیمانی یعنی بادشاہت کرنے لگی ہے۔ یعنی اسلام نے تمام مخلوقات کو آزادی دے دی۔ ان کی لیاقتوں کو پروان چڑھنے کا موقع فراہم کیا۔ طاقت کی بالا دستی ختم ہوئی۔ نتیجہ یہ ہوا کہ ایک حقیر مکھّی بھی جب اسے اپنی صلاحیتوں کی آبیاری کا موقع ملا تو ہما بن گئی۔ اس میں ہما پرندے کی بلند پروازی اور اپنے سائے سے دوسروں کو بادشاہ بنا دینے کی صفت پیدا ہو گئی۔ چیونٹی جو ایک حقیر اور غیر اہم مخلوق ہے اپنی صلاحیت سے طاقتور دیوؤں پر حکومت کرنے لگی۔ یہ کرشمہ ہے اسلام کے عدل وانصاف اور اس کی بخشی ہوئی آزادی کا۔

....

(۲۴)

کھِلے ہے غنچۂ گل باغ میں خاطر سے بلبل کی
جوابِ اوراقِ جمعیت کو ہوتی ہے پریشانی

باغ میں اگر کلی کھلتی ہے تو بلبل کا دل رکھنے کے لئے۔ بلبل پھولوں کا عاشق ہوتا ہے۔ لہٰذا

بلبل کوخوش کرنے کے لئے کلی اپنا سینہ چاک کرتی ہے یعنی اپنی سمٹی ہوئی پنکھڑیوں کو پھیلا دیتی ہے اور بلبل کے لئے پھول فراہم کر دیتی ہے۔ اگر چہ ایسا کرنے میں اسے انتشار کا شکار ہونا پڑتا ہے، اپنی قربانی پیش کرنا پڑتی ہے۔ اس کے مجتمع اوراق بکھر جاتے ہیں۔ دوسروں کی خوشی کے لئے اپنی قربانی کا جذبہ اسلام کی دین ہے۔

....

(۲۵)

جہاں انصاف سے ہر گاہ اب معمور ہے اتنا
تو اُس کے آگے ہوگی عدل کی کیا کچھ فراوانی

دنیا اگر انصاف سے آج ہر لمحہ اس قدر بھری ہوئی ہے تو حضور اکرم صلعم کے زمانے میں اس کی کس قدر کثرت ہوگی۔ اسلام نے عدل وانصاف عام کیا۔ صدیاں بیت چکی ہیں۔ آج اگر انصاف کا یہ عالم ہے تو اُس زمانے میں جب کہ محمدؐ بہ نفس نفیس موجود تھے عدل وانصاف کی کیا کچھ نہ فراوانی ہوگی۔

....

(۲۶)

ہزار افسوس اے دل ہم نہ تھے اُس وقت دنیا میں
وگرنہ کرتے یہ آنکھیں جمال اُس کے سے نورانی

شاعر گہرے افسوس کا اظہار کرتا ہے کہ وہ رسول مقبول صلعم کے زمانے میں نہ ہوا ورنہ وہ اپنی آنکھوں کو آپ کے حسن و جمال سے منور کرتا یعنی آپ کے دیدار کا شرف حاصل کرتا۔

....

(۲۷)

نہ ہونے سے جدا سایہ کے اُس قامت کے، پیدا ہے
قیامت ہووے گا دلچسپ وہ محبوبِ سبحانی

حضرت محمد صلعم کے قدِ مبارک سے الگ کوئی سایہ نہیں تھا۔ یعنی شاعر کے ایمان کے مطابق حضورِ اکرمؐ سراپا نور تھے۔ ظاہر ہے نور کی پر چھائیں نہیں ہوتی۔ ایسا ہونے کی وجہ سے یہ بات اظہر من الشّمس ہے کہ وہ اللہ کا محبوب قیامت کا دلچسپ ہوگا۔ آپ کا حسن و جمال دیکھنے سے تعلق رکھتا ہوگا۔

....

(۲۸)

جسے یہ صورت و سیرت کرامت حق نے کی ہووے
بجا ہے کہئے ایسے کو اگر اب یوسفِ ثانی

جسے خدا نے ایسی حسین صورت اور ایسی نیک سیرت عطا کی ہو اُسے اگر یوسفِ ثانی کہا جائے تو بجا ہے۔ پیغمبروں میں حضرت یوسف علیہ السّلام نہایت حسین و جمیل گزرے ہیں۔ لہٰذا شاعر نے محمد صلعم کی صورت و سیرت سے متاثر ہوکر آپ کو یوسفِ ثانی کہا۔

....

(۲۹)

معاذ اللہ یہ کیا حرفِ بے موقع ہوا سرزد
جو اُس کو پھر کہوں کچھ تو ہوں مردودِ مسلمانی

شاعر اللہ کی پناہ چاہتا ہے کہ اُس کے منھ سے ایک بات بے موقع نکل گئی اور وہ یہ کہ اس

نے محمد صلعم کو یوسفِ ثانی قرار دے دیا جو حضور کے رُتبے کے مطابق نہیں۔ کہاں محمد صلعم کا جمال وجلال اور کہاں یوسف علیہ السّلام جیسے پیغمبر۔ شاعر کو اپنی غلطی کا شدید احساس ہے، اور توبہ واستغفار کرتا ہوا کہتا ہے کہ اگر اس کے منہ سے پھر اس طرح کا ناسزا کلمہ نکلے تو وہ اسلام سے خارج ہو جائے یعنی مسلمانوں کے زمرے سے نکال دیا جائے۔

....

(۳۰)

کدھر اب فہم ناقص لے گیا مجھ کو نہ یہ سمجھا
کہ وہ مہرِ الوہیت ہے یہ ہے ماہِ کنعانی

شاعر اپنی ناقص سوجھ بوجھ کو کوسنے دیتا ہے کہ اُس نے شاعر کو غلط راستے پر ڈال دیا اور اُس سے ایسی بات کہلوادی جو محمد صلعم کے شایانِ شان نہ تھی۔ اُس نے اپنی کم فہمی کے سبب ربانیت کے آفتاب یعنی محمد صلعم کو کنعان کے چاند یعنی یوسفؑ کا ثانی قرار دے دیا جو ہرگز رسولِ مقبول کے مرتبے کے مطابق نہیں۔ یوسف علیہ السّلام کنعان یعنی ملکِ شام کے ایک صوبے فلسطین میں پیدا ہوئے تھے۔ اس لئے انہیں ماہِ کنعان کہا گیا۔ کہاں آفتاب اور کہاں ماہتاب جو خود آفتاب سے کسبِ نور کرتا ہے۔

....

(۳۱)

جو صورت اُسکی ہے، لاریب وہ ہے صورتِ ایزد
جو معنی اُس میں ہیں بے شک وہ ہیں معنیٔ ربّانی

شاعر کے اعتقاد کے مطابق جو شکل وصورت حضرت محمدؐ کی ہے وہی شکل وصورت خدا کی بھی ہے، اس میں کسی شک وشبہ کی گنجائش نہیں۔ اور جو خصوصیات حضرت محمدؐ میں ہیں وہی

خصوصیات ذاتِ خداوندی میں بھی ہیں یعنی خدا اور رسول میں نہ صوری فرق ہے اور نہ معنوی۔ گویا ایک ہی شخصیت کے دو مختلف نام ہیں۔

....

(۳۲)

حدیثِ مَنْ رَاٰنی دال ہے اس گفتگو اوپر
کہ دیکھا جس نے اُسکو اُن نے دیکھی شکلِ یزدانی

یہ حدیث کہ ''جس نے مجھ کو دیکھا اُس نے خدا کو دیکھ لیا'' اس بات کا ثبوت ہے کہ جس نے محمد صلعم کو دیکھا اُس نے خدا کی شکل دیکھ لی۔ شاعر کے عقیدے کے مطابق خدا اور رسول میں ظاہر و باطن کا کوئی فرق نہیں اور اس بات کے ثبوت میں اُس نے مَنْ رَاٰنی کی حدیث پیش کی ہے۔

....

(۳۳)

غرض مشکل ہمیں ہوتی کہ پیدا کر کے ایسے کو
خدا گر یہ نہ فرماتا ''نہیں کوئی مرا ثانی''

اس شعر کا سلسلہ گزشتہ شعر سے برقرار رکھتے ہوئے شاعر کہتا ہے کہ ہم سب مشکل میں پڑ جاتے اگر ایسی معزز، محترم اور معظم شخصیت کو پیدا کر کے خدا یہ نہ فرما دیتا کہ میرا کوئی ثانی نہیں۔ وگر نہ خدا اور رسول کے درمیان حدِ فاصل کھینچنا ہمارے لئے دشوار ہو جاتا۔

....

(۳۴)

بس آگے مت چل اے سوؔدا میں دیکھا فہم کو تیری
کر استغفار اس منہ سے اب ایسی کی ثنا خوانی

شاعر نعتیہ قصیدے کے مقطع کے شعر میں اپنے آپ کو مخاطب کر کے نعتِ پاک کی راہ پر آگے چلنے سے روکتا ہے اور یہ محض اس لئے کہ اُس نے اپنی فہم وفراست کی جانچ کر لی اور اسے ناقص پایا۔ شاعر جوشِ عقیدت میں رسولِ پاک کی ثنا خوانی میں حد سے اس قدر تجاوز کر گیا ہے کہ اس کی ثنا خوانی کفر کی حد کو چھونے لگی ہے۔ اس لئے شاعر خود کو مشورہ دیتا ہے کہ جس منھ سے تو نے ثنا خوانی میں مبالغہ آرائی کی ہے اسی منھ سے توبہ استغفار کر لے۔

☆☆

محمود و اَیاز

روایتی شاعری برسوں تک اردو شاعری کا مزاج بنی رہی۔علاّ مہ اقبالؔ سے پہلے کے شاعروں نے بہ استثناءِ معدودے چند فرسودہ موضوعات و متداول خیالات سے شمّہ برابر بھی انحراف نہیں کیا۔تتّبع کے اس رجحان نے ان کی شاعری کو تعبیرات کی طرفگی اور جذبات کی صداقت سے بالکل بے بہرہ رکھا۔نہ زبان میں حلاوت رہی اور نہ ہی بیان میں صداقت۔شاعری جب محض نقّالی ٹھہرے تو پھر اس میں آورد کی ہی جھلکیاں ملیں گی، آمد کا کوسوں پتہ نہ ہوگا۔ظاہر ہے ایسی شاعری جس میں داخلی عوامل کارفرما نہ ہوں، یعنی جذبات واحساسات کا رچاؤ نہ ہو، بے اثر ہوگی۔یوں تو داخلی جذبے کے فقدان کے باوجود تھوڑی دیر کے لئے زورِ بیان سے قاری کے دل ودماغ پر قابض رہا جاسکتا ہے لیکن اس کا اثر دیرپا نہیں ہوگا۔یہ اثر بہت جلد زائل ہوجائے گا۔لیکن ''دل سے جو بات نکلتی ہے اثر رکھتی ہے'' سے انکار ممکن نہیں۔جذبۂ صادق کا اثر دیرپا ہوتا ہے اور نتیجہ خیز بھی۔اور اگر دل اور دماغ دونوں میں مفاہمت ہوجائے تو پھر یہ عمل اکسیر کا کام کرجائے گا۔چونکہ دل کا تعلق کشف وشہود سے ہے اور دماغ کا ادراک وتعقّل سے، لہٰذا اگر علم و وجدان، خبرونظر یا عقل وعشق میں اشتراک وامتزاج پیدا ہوجائے تو ظاہر ہے داخلی اور خارجی قوتیں ایک دوسرے سے ہم آہنگ ہوجائیں گی۔پھر تو اس اتحاد وارتباط کے بعد جو شعر بھی بطنِ قلم سے پیدا ہوگا، اعجاز کا اثر رکھے گا۔اس کی صداقت وتاثیر سَر چڑھ کر بولے گی۔

لیکن ہماری کلاسیکل شاعری کا ایک معتد بہ حصّہ حسن وعشق کی کہانیوں کا دفتر ہے اور چونکہ اگلے زمانے میں صنعتِ مبالغہ شعروشاعری میں لازمہ کی حدتک دخیل تھی، لہٰذا بیانِ حال میں صداقت کم اور مبالغہ آرائی زیادہ ہوتی تھی۔ نتیجہ یہ ہوا کہ شاعروں نے جب عشق ومحبت کی داستان چھیڑی تو اسے منتہائے کمال تک پہنچا دیا۔ محمؔود وایاؔز کی محبت کی داستان جب دربار کی چہار دیواری سے باہر آئی تو شاعروں کی نوکِ قلم نے اس میں وہ رنگ آمیزی کی کہ اس کے خدوخال گزشتہ عشقیہ افسانوں کے بالکل مشابہ ہوگئے۔ پھر کیا تھا، محبت کی اس نئی جولانگاہ میں شاعروں نے اپنے اپنے رہوارِ قلم کو مہمیز کیا اور خوب خوب جولانیاں دکھائیں۔ ایک دوسرے پر سبقت لے جانے کی فکر میں انہوں نے رہوارِ سخن کی باگ ڈور مبالغہ آرائی کے ہاتھوں میں دے دی۔ نتیجہ یہ ہوا کہ حقیقت مسخ ہوگئی اور تاریخ مشتبہ۔

لیلیٰ مجنوں اور شیریں فرہاد کی طرح محمود وایاز کی محبت بھی فارسی اور اردو ادب میں لافانی بن گئی۔ ہر چند کہ مندرجہ بالا جفتوں میں علی الترتیب پہلا اور دوسرا دومختلف جنسوں کی شمولیت سے مترکب ہے اور تیسرا اہم جنسوں کی۔ پھر بھی شعراء وادباء نے ان کی محبت کے درمیان کوئی خطِ فاصل نہیں کھینچا۔ محبت ایک نہایت پاکیزہ جذبہ ہے، بشرطیکہ بےغرض ہو۔ لیلیٰ مجنوں یا شیریں فرہاد کے افسانے آج بھی زبان زدِ عام محض اس لئے ہیں کہ ان میں بوالہوسی کا شائبہ نہ تھا۔ ان کی محبت پاک، بےلوث اور بےغرض تھی۔ لیکن ان سب باتوں کے باوجود اس محبت کی نوعیت میں جنسی رجحان کا پایا جانا، چاہے وہ لاشعور ہی میں کیوں نہ ہو، بعید از امکان نہیں۔ دو مخالف جنسوں کے حسن میں ایک دوسرے کے لئے بڑی کشش ہوتی ہے اور یہ فطری جذبہ بھی ہے۔ ویسے یہ اور بات ہے کہ عشق ومحبت کا بے پناہ سیلاب جنسی جذبے کو تہ نشین کردے لیکن اس سے اس کا وجود معدوم نہیں ہوتا اور سچّی بات تو یہ ہے کہ صورت وسیرت، نازوانداز ودیگر عوامل کی موجودگی کے باوجود ایسی محبت کی اساس اوّل اوّل جنسی رجحان ہی بنتا ہے۔

لیکن محمؔود وایاؔز کی محبت دو مخالف جنسوں کی محبت نہیں تھی۔ یہ ضرور ہے کہ محمود ایاز سے والہانہ محبت کرتا تھا۔ لیکن یہ تعلق ہرگز جنسی رجحان کی بدولت نہیں تھا۔ نعوذ باللہ، محمود اور امرد پرستی!

تاریخ ایسی کوئی شہادت فراہم نہیں کرتی جس سے محمود کی اس بدذوقی کا پتہ چلتا۔محمود غزنوی بڑے جاہ وجلال اور طمطراق کا بادشاہ تھا۔وہ ایک عالی مرتبت سلطان ہی نہیں بلکہ آہنی کردار اور پاکیزہ عادات واطوار کا مالک بھی تھا۔علم وادب سے اس کو خاص لگاؤ تھا۔وہ خود بھی شاعر تھا اور اہلِ علم و فضل کی قدر ومنزلت فراخدلی سے کرتا تھا۔یہی وجہ ہے کہ اس کا دربار اہلِ فکروفن کی ضیاپاشیوں سے رشکِ کہکشاں بنا ہوا تھا۔

شعرائے پیشرو کے یہاں محمود وایاز کے تعلق سے عشق کا جو غلط رجحان رواج پا گیا تھا، ہونا تو یہ چاہئے تھا کہ پس روشعراء اس کا تدارک کرتے لیکن بُرا ہوا اس شاہدِ مضمونِ عشق کا جس کے حُسنِ جہاں تاب نے پس روشاعروں کی آنکھیں بھی خیرہ کردیں اور وہ آنکھوں میں آنکھیں ڈال کر اسے دیکھنے کا حوصلہ نہ کرسکے بلکہ اس کے برعکس خود بھی اس کی ظاہری چکاچوند سے متاثر ہوکر کورانہ تقلید پر کمربستہ ہوگئے۔خود بھی وہی راگ الاپنے لگے جوان کے پیش روالاپ چکے تھے۔اس طرح محمود وایاز کی داستان متداول عشقیہ داستانوں سے مختلف نہیں رہ گئی۔

رشکؔ کا ایک شعر ہے۔

اے عشق تیری بندہ نوازی کا ہوں غلام
محمودؔ کو غلام بنایا ایازؔ کا

شاعر عشق کی بندہ نوازی کا غلام اس لئے ہے کہ اس نے ایازؔ کو جو بندہ تھا، مولا بنادیا اور محمودؔ کو جو آقا تھا، غلام کردیا۔یعنی محمودؔ ایازؔ کا ایسا والہ وشیدا ہوا کہ اس کا بندۂ بے دام ہوکر رہ گیا۔شاعر کا یہ استدلال ہرگز منصفانہ اور حقیقت پسندانہ نہیں۔اس رائے کو کسی طرح بھی صائب قرار نہیں دیا جاسکتا۔یہ اور اسی قسم کے صدہا اشعار اردو اور فارسی کے دواوین میں بکھرے ملیں گے۔

اقبالؔ پہلا شاعر ہے جس نے اس روایت سے انحراف کیا۔محمود وایاز کے عشق کا طلسم جس نے صدیوں سے اردو اور فارسی کے ادب کو مسحور کررکھا تھا، ٹوٹ گیا۔اقبالؔ نے حقیقت پسندانہ رویہ اختیار کیا اور نہ صرف یہ کہ اس نے عشق کی اس کہانی کو حقیقت کی حدود سے متجاوز نہ ہونے دیا بلکہ اجتہاد سے کام لیتے ہوئے اس نے محمود وایاز کو علامت کے بطور استعمال کرکے انہیں

نوع بہ نوع مفہوم سے متصّف کیا جو حقیقت سے قریب تر ہونے کے سبب نہایت دلکش اور پُر اثر ثابت ہوئے۔ مثلاً ع

ایک ہی صف میں کھڑے ہو گئے محمود و ایاز

یہاں محمود علامت ہے حاکم یا جاہ و جلال کی اور ایاز محکوم یا فروتنی و کم مائیگی کی۔

جادوئے محمود کی تاثیر سے چشمِ ایاز
دیکھتی ہے حلقۂ گردن میں سازِ دلبری

اس شعر میں محمود استعماریت کی علامت ہے اور ایاز مغلوب و مفتوح قوموں کی۔

فرو فالِ محمود سے درگذر
خودی کو نگہ رکھ ایازی نہ کر
حاصل اس کا شکوہِ محمود
فطرت میں اگر نہ ہو ایازی

مندرجہ بالا اشعار میں محمود و ایاز شاہی و گدائی یا خواجگی و بندگی کی علامتیں ہیں اور اس شعر میں ع

چشم فطرت بھی نہ پہچان سکے گی مجھ کو
کہ ایازی سے دگرگوں ہے مقامِ محمود

محمود مجاہدہ و مجادلہ کی علامت ہے اور ایاز فرار و بے عملی کی، اور مندرجہ ذیل رباعی میں:

کوئی دیکھے تو میری نے نوازی
نفس ہندی مقامِ نغمہ تازی
نگہہ آلودۂ انداز افرنگ
طبیعت غزنوی ، قسمت ایازی

محمود جوانمردی کی علامت ہے اور ایاز بے چارگی کی۔ غرض کہ اقبالؔ نے جہاں کہیں بھی محمود و ایاز کا استعمال کیا ہے، انہیں علامتی مفہوم سے ضرور وابستہ رکھا ہے۔ مندرجہ ذیل اشعار میں بھی محمود

وایازمنِ حیثیتِ ذات مستعمل نہیں:

وہ کچھ اور شے ہے محبت نہیں ہے
سکھاتی ہے جو غزنوی کو ایازی

....

جس کی تاثیر سے آدم ہو غم و خوف سے پاک
اور پیدا ہو ایازی سے مقامِ محمود!!

....

نہ وہ عشق میں رہیں گرمیاں ، نہ وہ حُسن میں رہیں شوخیاں
نہ وہ غزنوی میں تڑپ رہی ، نہ وہ خم ہے زلفِ ایاز میں

....

یوں تومحمودوایاز کا ذکراردووفارسی کے ہرشاعر کے دیوان میں ملے گالیکن اقبآل نے اس کا استعمال جس کثرت سے اور جن مختلف مضمون میں کیا ہے،شاید ہی اس کی نظیر مل سکے۔

اس مختصر تبصرے کے بعد ضروری معلوم ہوتا ہے کہ اِن زیرِ بحث شخصیتوں کا لگے ہاتھوں سوانحی جائزہ بھی لے لیا جائے۔ جہاں تک سلطان محمود کا تعلق ہے،اس کی تاریخی حیثیت سے ہر کہ و مہہ واقف ہے اس لئے یہاں اس کا مزید ذکر تحصیل حاصل ہوگا۔لیکن ایاز سے لوگوں کی واقفیت کچھ بہت زیادہ نہیں۔ یوں تو ادب سے جس کو کچھ بھی لگاؤ ہے اس کیلئے ایاز کا نام غریب نہیں۔ لیکن اصلیت کا علم کم ہی لوگوں کو ہے۔کچھ محققوں کا تو یہ بھی کہنا ہے کہ ایاز کی شخصیت افسانوی ہے اور تاریخ اس باب میں بالکل خاموش ہے لیکن یہ صحیح نہیں۔ایآز واقعی ایک تاریخی شخصیت ہے! نام ایاز، باپ کا نام ایمق اور کنیت ابوالنجم ہے۔تاریخ پیدائش کی تحقیق تو نہیں ہوسکی لیکن مورّخ ابن الاثیر کی تحقیق کے مطابق اس کا انتقال ۴۴۹ھ بمطابق ۵۸-۱۰۵۷ء میں ہوا جب کہ سلطان محمود کی ولادت دسویں محرم الحرام ۳۵۰ھ بمطابق ۱۳رنومبر ۹۷۰ء میں ہوئی اور انتقال مارچ ۱۰۳۰ء میں ساٹھ برس کی عمر میں ہوا۔گویا ایاز کا انتقال محمود کی وفات کے ۲۷ سال بعد ہوا۔

ایاز محمود کا غلام تھا۔ حد درجہ مطیع، فرمانبردار اور شائستہ۔ اس کی اطاعت اور فرمانبرداری بے مثال تھی اور یہی وجہ ہے کہ محمود اسے بہت عزیز رکھتا تھا۔ لیکن اس اعزاز وافتخار کے باوجود ایاز نے اپنی اصل کبھی فراموش نہیں کی۔ وہ دن میں ایک بار اپنے ایاّمِ افلاس کے کپڑے ضرور زیبِ تن کرلیتا تھا۔ تا کہ اسے اپنی حیثیت ہمیشہ یادرہے اور منصبِ عالی کا غرور اسے گمراہ نہ کردے۔ تاہم ایاز سے امرائے دربار و دیگر خدّام جلتے تھے۔ جب محمود کواس بات کا علم ہوا تواس نے سرِ دربار ایک انمول موتی رکھ دیا اور حکم دیا کہ اسے چکنا چور کردیا جائے۔ لیکن محض اس خوف سے کہ کہیں بعدازاں محمود انہیں معتوب نہ کرے، کسی نے بھی اسے توڑنے کی جرأت نہیں کی۔ لیکن جب یہی حکم محمود نے ایاز کو دیا تو اس نے بلا پس و پیش اسے ریزہ ریزہ کردیا، اور تب محمود نے شرکائے دربار سے مخاطب ہوکر کہا:'ایاز مجھے سبھوں میں اس لئے عزیز ہے کہ وہ حکم کا بندہ ہے اور وہ میرے ہر جائز و ناجائز حکم کی بلا جھجک تعمیل کرتا ہے۔ اس روایت سے کم از کم یہ تو ثابت ہو ہی جاتا ہے کہ محمود ایاز کا گرویدہ محض اس کی اطاعت شعاری کی وجہ سے تھا۔

لیکن ایک دوسری روایت جو نظامی عروضی سمرقندی کے''چہار مقالہ'' سے ماخوذ ہے اور بڑی حد تک محمود و ایاز کی پاکیزہ محبت کو مشکوک بھی بناتی ہے، یہ ہے کہ ایک شب بدمستی کے عالم میں محمود نے ایاز کی لمبی زلفیں ترشوادیں۔ لیکن جب صبح کو ہوش وحواس ٹھکانے ہوئے تو بہت افسردہ خاطر ہوا کیونکہ زلفوں کی کاست سے ایاز کے حُسن و جمال میں کمی آگئی تھی۔ ملک الشعراء عنصری کو بلا کر یہ ناگوار واقعہ بیان کیا۔ عنصری نے سلطان کی دلجمعی کے لئے فی البدیہہ یہ رُباعی کہی:

کے عیب سر زلف بت از کاستن است
چہ جائے بہ غم نشستن و خاستن است
جائے طرب و نشاط و مئے خواستن است
کاراستنِ سرو زپیراستن است

(''اگر محبوب کی زلفیں کاٹ دی گئیں تو اس سے خرابی کیا ہوئی۔ اس میں مغموم و پریشان ہونے کی کیا بات ہے۔ یہ وقت تو عیش وعشرت میں مبتلا رہنے کا ہے کیونکہ تراش خراش ہی سے تو

سَرو کا درخت خوشنما دکھائی دیتا ہے۔'')

یہی وہ لذّت آفریں قصّہ ہے جو شعراء کے کام و دہن کو خوب مرغوب ہوا کیونکہ اس واقعے سے ایاز کے ساتھ محمود کا جمالیاتی لگاؤ ثابت ہوجاتا ہے لیکن اس کے باوصف حقیقت کچھ اور تھی اور اس سے پردہ نہ ہٹانا غضِ بصر کے مترادف ہوگا۔ محمود بدمست ضرور تھا لیکن اس پر اتنی بھی بے ہوشی طاری نہیں تھی کہ کوئی نازیبا حرکت کر بیٹھتا۔ ایاز کے چہرے پر زلفوں کا انتشار مدہوش کن تھا اور ایسے عالم میں نشے سے بے قابو دل ہَوسناک بھی ہوسکتا تھا۔ لہٰذا یہی وہ پاکیزہ خیال تھا جس نے محمود کو ایاز کی خم بہ خم زلفوں کی فوری کاٹ پر اُکسایا تاکہ دلکشی جاتی رہے۔

ایک تیسری روایت جو محمد عوفی مصنف ''جامع الحکایات'' سے مروی ہے، نیاز فتح پوری کے لفظوں میں یوں ہے:

''محمود کا ایاز کی بہن سے جو بڑی حسین و جمیل تھی، محبت ہوگئی۔ لیکن اپنے مرتبۂ شاہی کے پیشِ نظر وہ اس کا اظہار نہ کرسکتا تھا کہ مبادا لوگ اس پر لعن طعن کریں۔ اس کا یہ جذبۂ محبت بڑھتا رہا اور ایک دن مجبور ہوکر اپنے ایک امیر ابونصر مشکانی سے سارا حال بیان کردیا، جو محمود کا بڑا مزاج داں امیر تھا۔ مشکانی نے عرض کیا کہ اس کو شریکِ زندگی بنانے میں کیا امر مانع ہے؟ محمود نے کہا کہ اگر میں نے ایسا کیا تو دوسرے مُلکوں کے سلاطین بدنام کریں گے اور خود میری رعایا پر بھی اس کا اثر اچھا نہ ہوگا۔ لوگ کہیں گے کہ بادشاہ نے اپنے مرتبے سے ہٹ کر ایک خادم کی بہن سے شادی کرلی۔ مشکانی نے یہ سُن کر کہا کہ اگر آپ نے ایسا کیا تو یہ کوئی نئی بات نہ ہوگی۔ اکثر شاہانِ عجم نے کنیزوں سے شادیاں کی ہیں۔ نوشیرواں عادل ایک معمولی دہقانی لڑکی ہی کے بطن سے پیدا ہوا تھا اور بہرام گور نے بھی ایک ماہی گیر کی لڑکی پر عاشق ہوکر اس سے شادی کرلی تھی۔ محمود نے ان واقعات کی تفصیل دریافت کی تو مشکانی نے ان کو بیان کرنا شروع کیا اور بہرام گور کے واقعۂ شادی کی تفصیل سُن کر محمود اتنا متاثر ہوا کہ اس کی فکر دور ہوگئی اور اس نے ایاز کی بہن سے شادی کرلی۔''

مندرجہ بالا روایت سے ثابت ہوتا ہے کہ محمود کو ایاز نہ صرف اس لئے عزیز تھا کہ وہ ایک فرماں بردار غلام تھا بلکہ اس لئے بھی کہ وہ پہلے تو اس کی محبوبہ کا بھائی رہا اور بعدازاں اس کی بیوی کا

بھائی ہوگیا۔اب اگر یہ درست ہے کہ بیوی کا بھائی ساری خدائی کا ہم پلّہ قرار پاتا ہےتو پھر ایاز سے محمود کی محبت کی نوعیت اظہر من الشّمس ہے۔

☆☆

پروفیسر عبّاس علی خاں بیخود

اور ہماری متعلمی

پہلی بار ہم نے کلکتے میں قدم رکھا سی سی کالج (Central Calcutta College) میں داخلے کے سلسلے میں۔ ہم دو ساتھی تھے۔ ہم لوگ کلکتہ یونیورسٹی کے ماتحت میٹریکولیشن کے syllabus کی پڑھائی کر رہے تھے۔ انگریزی کے تین پیپرز ہوا کرتے تھے۔ امتحان کا وقت آتے آتے ویسٹ بنگال بورڈ آف سیکنڈری ایجوکیشن کی تشکیل ہوگئی، اور ہم نے اسی بورڈ کے تحت امتحان دیا۔ Certificate میٹریکولیشن کے بجائے اسکول فائنل (.S.F) ہوگیا۔ یہ امتحان ہم لوگوں نے ۱۹۵۲ء میں پاس کیا اور Intermediate میں داخلے کے لئے کلکتہ جانا پڑا۔ اسکول کا طالب العلم تھا۔ کالج کے نام سے کچھ گھبراہٹ سی ہو رہی تھی۔ میں اور میرا ساتھی حیدر علی ایڈمیشن فارم کے لئے کلکتہ پہنچے۔ کالج میں لڑکوں کی ریل پیل تھی۔ ہم لوگوں نے مارک شیٹ دکھائے اور ہمیں Admission Forms مل گئے۔ داخلے میں کوئی دشواری نہیں ہوئی۔ ہم لوگ سیالدہ اسٹیشن سے سنٹرل کلکتہ کالج (سابق اسلامیہ کالج اور موجودہ مولانا آزاد کالج) آتے جاتے رہے۔ تھوڑے ہی دنوں میں پروفیسر صاحبان کو یہ علم ہوگیا کہ ہم لوگ بہت دور صنعتی علاقے سے تقریباً بیس میل کی دوری طے کر کے آتے ہیں۔ اس لئے کبھی کبھی تاخیر سے کلاس میں داخل ہونے پر وہ معترض نہیں ہوا کرتے تھے بلکہ کچھ نصابی سوال پوچھنے سے پہلے چار پانچ منٹ کا وقفہ

ضرور دیتے تھے تا کہ ہم لوگ پُرسکون ہوسکیں۔ لیکن کچھ دنوں کے بعد جب اسی قسم کی تاخیر ٹفن کے بعد بھی ہونے لگی تو بیخود صاحب نے کہا کہ اب تو ٹرین کا معاملہ نہیں ہے پھر کیوں تاخیر سے پہنچتے ہیں تو ہم لوگوں نے کہا کہ جناب نماز پڑھنے میں تاخیر ہوجاتی ہے۔

''تو پھر آپ لوگ یہیں نماز کیوں نہیں پڑھ لیتے۔ کالج میں مسجد ہے۔ پرنسپل پیریرا صاحب سے جو گوا کے رہنے والے ہیں درخواست کیجئے کہ وہ مسجد کا کمرہ جو ایک عرصے سے بند پڑا ہوا ہے کھلوادیں، میں ریکومنڈ کردوں گا۔''

پھر کیا تھا۔ ہم لوگوں نے ایک درخواست لکھی، پروفیسر بیخود صاحب سے ریکومنڈ کروایا اور پیریرا صاحب کو دے دی۔ درخواست دیکھتے ہی پرنسپل صاحب نے فوراً نوکر کو طلب کیا اور جلد سے جلد مسجد کا کمرہ جو دوسری منزل پر سیڑھی کے بائیں طرف تھا صاف کرنے کا حکم دے دیا۔ برسوں سے بند پڑی مسجد کھلوائی گئی۔ وہائٹ واشنگ کرائی گئی۔ ہم لوگوں نے لوبان اور اگربتیاّں جلائیں تاکہ برسوں سے بند پڑی مسجد کے اندر کی بو ختم ہو۔ مسجد کا استعمال ہونے لگا۔ دیگر لڑکوں کے علاوہ پروفیسر صاحبان بھی مسجد کا استعمال کرنے لگے۔

اردو کے کلاسوں میں تین پروفیسروں سے ہمارا سابقہ پڑتا رہا۔ پروفیسر عباّس علی خاں بیخود، پروفیسر شاہ مقبول احمد اور پروفیسر نیاز احمد خان۔ یہ تینوں پروفیسر بڑے ہی لائق و فائق تھے۔ پروفیسر بیخود اردو، فارسی اور عربی شعبوں کے صدر تھے۔ نہایت سنجیدہ اور وضع دار۔ گیم شیم تھے اور کالی شیروانی اور چوڑی دار پاجامے میں بڑے سجتے تھے۔ مونچھیں باریک ترشی ہوئی۔ داڑھی صاف۔ بڑے بارُعب لگتے تھے۔ پروفیسر نیاز احمد خان سیماب پا تھے۔ کسی عجیب مرض کا شکار تھے۔ زبان اور ہونٹوں میں ہمیشہ کھنچاؤ سا رہتا تھا۔ بیچارے کو بولنے میں بڑی دقت ہوا کرتی تھی۔ پھر بھی کسی نہ کسی طرح وہ بولتے اور سمجھاتے رہتے تھے۔ کلچرل پروگراموں میں بڑے فعال رہا کرتے تھے۔ پروفیسر شاہ مقبول احمد مرنجاں مرنج قسم کے آدمی واقع ہوئے تھے اور صرف پڑھائی سے تعلق رکھتے تھے۔ ان کی تحریروں میں بڑی گہرائی ہوا کرتی تھی لیکن بدقسمتی سے بچارے کلاسوں میں اچھی طرح بول نہیں پاتے تھے۔ اللہ اُن کی مغفرت کرے۔ میں بھول رہا ہوں۔ اردو کے پروفیسر ایک اور بھی

تھے۔۵۶-۱۹۵۵ء کا زمانہ تھا۔ ہم لوگ .B.A کے چوتھے سال میں تھے۔یعنی ہم لوگوں کے چل چلاؤ کا زمانہ تھا۔ بیخود صاحب نے کلاس میں ایک نئے پروفیسر کا تعارف یہ کہہ کر کرایا کہ یہ اُردو کے نوجوان اور قابل پروفیسر ہیں۔آپ لوگ ان سے بہت کچھ سیکھ سکیں گے۔ پروفیسر صاحب نہایت دبلے پتلے تھے اور کچھ سہمے سہمے سے لگتے تھے۔تعارف کرا کر بیخود صاحب تو تشریف لے گئے۔ لڑکوں نے نئے پروفیسر پر سوالات کی بوچھار کردی۔ جو سوال پروفیسر صاحب ہم سے کرتے وہ سوال لڑکوں نے اُن سے کر دیا۔آپ کا پسندیدہ شاعر کون ہے؟ اس سوال پر پروفیسر صاحب کچھ گھبرا سے گئے اور اگر میری یادداشت غلطی نہیں کرتی تو شاید انہوں نے فیض احمد فیض کا نام لیا تھا۔ پروفیسر صاحب نہایت متین اور بُردبار تھے۔غصّہ یا ناراض ہونا تو شاید وہ جانتے ہی نہ تھے۔آپ تھے پروفیسر عبدالرؤف۔

طلباء عربی اور فارسی کے سلسلے میں عموماً بیخود صاحب سے رابطہ کرتے تھے۔میرا بھی ایک سبجکٹ فارسی تھا۔انٹرمیڈیٹ میں پروفیسر اختر حسین (مرحوم) اور پروفیسر غلام جیلانی بیگ (جن کی نئی نئی تقرری ہوئی تھی) بڑی محنت اور شفقت سے پڑھاتے رہے۔اختر صاحب کیم شحیم تھے لیکن بڑے زندہ دل۔ جیلانی صاحب نوجوان بڑے چاک و چوبند۔انگریزی بڑی روانی سے بولتے تھے۔

جب ہم بی اے میں پہنچے تو پروفیسروں نے ہمیں مشورہ دیا کہ ہم مختلف سبجکٹوں میں آنرس کریں۔ مجھے مشورہ دیا گیا کہ میں فارسی میں آنرس کروں کیوں کہ اس سبجکٹ میں میرے مارکس زیادہ تھے، اور میرے ساتھی حیدر علی کو مشورہ دیا گیا کہ وہ اردو میں آنرس کریں کیوں کہ اندازہ تھا کہ ہم دونوں ہی فرسٹ کلاس فرسٹ آئیں گے، اور ایک ہی سبجکٹ میں دونوں کا فرسٹ کلاس فرسٹ آنا ممکن نہیں تھا۔اردو کے کلاسوں میں ویکلی اور ہاف ایرلی ٹیسٹ ہوا کرتے تھے اور ہم دونوں میں ہی فرسٹ سکنڈ کا مقابلہ رہا کرتا تھا۔لڑکے بڑے خلیق اور ملنسار تھے۔خاص طور سے مٹیا برج، راجا بازار اور ہوڑے کے طلباء تو لگتا تھا دیرینہ یار ہیں۔ کلکتے کے طلباء سے بھی بڑے اچھے تعلقات تھے سوائے وکیل اختر کے۔ بچارے کینسر کے موذی مرض میں مبتلا ہو کر عین جوانی میں داعیٔ اجل کو

لبیک کہا۔ خدا انہیں غریقِ رحمت کرے۔

خوش درخشید ولے دولتِ مستعجل بود

معاف کیجئے گا بات کچھ آپ بیتی سی ہوتی جارہی ہے۔ جب کہ مجھے اپنے تعلقات بیخوؔد صاحب سے دِکھانے ہیں۔ پہلی بار پروفیسرز روم میں بیخود صاحب کے روبرو گیا اور ایک غزل پر اصلاح کی التجا کی۔ چھوٹتے ہی انہوں نے کہا صاحبزادے، آپ پڑھنے آئے ہیں یا شاعری کرنے۔ آپ کے والدین نے بڑی محنت اور مشقت کے بعد بھیجا ہوگا کہ آپ پڑھ لکھ کر کچھ بنیں گے، اور آپ شاعری جیسی غیر ضروری کام میں اپنا وقت برباد کرنا چاہتے ہیں۔ پڑھائی لکھائی پر دھیان دیجئے ابھی بہت وقت پڑا ہے، شاعری بھی کر لیجئے گا۔ میں خاموش سرخم کئے کھڑا رہا۔ واپسی کی اجازت طلب کی تو انہوں نے کہا کہ میں آپ کو شاعری کرنے سے منع نہیں کرتا۔ اگر آپ کی طبیعت اس طرف مائل ہے تو ضرور کیجئے لیکن ابھی نہیں۔ جایئے بُرا نہ مانئے گا۔ میری بات پر اطمینان سے غور کیجئے۔

وقت گزرتا رہا۔ کالج کا سالانہ مشاعرہ ہونے کو آیا۔ مصرعہ طرح دے دیا گیا۔ طبع آزمائیاں ہونے لگی تھیں۔ شاعری کی گہما گہمی میں میں نے بھی شعر کہے۔ لیکن پڑھنے کا حوصلہ نہیں ہوا۔ ویسے کالج کے دیگر لڑکوں نے غزلیں پڑھیں۔ کچھ دنوں کے بعد میں نے ایک بار پھر بیخوؔد صاحب سے ملاقات کی۔ بیخوؔد صاحب نے اِس بار مجھے شاکرؔ کلکتوی سے رجوع کرنے کا مشورہ دیا اپنے نام کے حوالے کے ساتھ اور میں شاکرؔ کلکتوی سے مشورہ کرنے لگا۔

بیخوؔد صاحب لباس پر خاص دھیان دیتے تھے۔ جو کر بن کر کلاس میں آنے والوں پر بڑے ناراض ہوتے۔ جو لڑکا کلین شیو کرتا اسے روزانہ شیو کرنے کا مشورہ دیتے۔

میں کبھی کبھی بیخوؔد صاحب کے پاس فارسی کی شکایت لے کے جاتا۔ وہ کہتے آپ کو فرسٹ کلاس فرسٹ پروفیسرز دیئے گئے ہیں، پھر کیسی شکایت؟ میں کہتا بجا ہے لیکن ہر سال نصاب کا وہ حصّہ کیوں چھوڑ دیا جاتا ہے جو Ornate ہے؟ قصائدِ خاقانی پڑھائے نہیں جاتے کیوں کہ اُن میں علم نجوم کی اصطلاحیں ہیں۔ محمود شبستری کے اشعار پڑھائے نہیں جاتے کیوں کہ اُن میں

تصوف ہے۔ صرف وہی کچھ پڑھایا جاتا ہے جن کے ترجمے پروفیسر براؤن نے کردیئے ہیں۔ پروفیسروں سے میں نے تقاضا کیا کہ پہلے وہ مشکل اشعار پڑھادیں۔ آسان اشعار اگر وقت کی کمی کی وجہ سے بچ بھی رہے تو ہم لوگ خود تیار کرلیں گے۔ پروفیسرز ناراض ہو جاتے اور کسی نہ کسی بہانے کلاس لینے سے کتراتے۔ دوسری صورت یہی رہ جاتی ہے کہ آپ فارسی کے کلاس لیں۔ انہوں نے صاف صاف کہہ دیا کہ برسوں سے میں فارسی نہیں پڑھاتا۔ اب اگر میں کلاس لے بھی لوں تو میں خود مطمئن نہیں ہوسکوں گا۔ پروفیسر اسماعیل اور مسعود حسن صاحبان آپ کی پوری مدد کریں گے، وہ سبجکٹ کے ماہر ہیں۔ بات بنی نہیں، دن اللّے تللّے گزرتے رہے۔ کالج کی لائبریری، یونیورسٹی کی لائبریری اور مختلف لائبریریوں کے سہارے تیاریاں کرتا رہا۔ منشی نول کشور پریس کی چھپی پرانی کتابیں منگوائیں جن کے قیمتی حاشیوں سے خاصی مدد ملی۔ اللہ اللہ کرکے امتحان کی تیاری کسی نہ کسی طرح مکمل ہوگئی۔

بیخودؔ صاحب یوں تو اردو شعروں کی تشریحیں بہت خوب کیا کرتے تھے لیکن جب غالبؔ کے اشعار پڑھاتے تھے تو ایک سماں بندھ جاتا تھا۔ شعر کے تمام پہلو روشن ہو جاتے تھے اور شعر سہل ممتنع لگتا تھا۔ باریکیوں کو سمجھ لینے کے بعد بڑا مزہ آتا تھا۔ غالبؔ اُن کے پسندیدہ شاعر تھے۔ لیکن افسوس کی بات تو یہ ہے کہ اپنے شعروں میں وہ غالبؔ کی روح نہ اُتار سکے۔ لکھنؤ اسکول کی شاعری کا غلبہ تھا۔ بیخودؔ صاحب کی شاعری چند گنے چُنے شعروں کو چھوڑ کر روایتی شاعری ہے جو زمانے کا چلن تھا۔ عصری حسیت خال خال نظر آتی ہے۔ بیخودؔ صاحب جتنے اچھے شارح تھے اتنے اچھے شاعر نہیں۔ جو زیادہ علم داں ہوتا ہے اس کی شاعری، شاعری تو ہوتی ہے لیکن روحِ شعریت سے عاری۔ کلام بامعنی ضرور ہوتا ہے لیکن بالکل سپاٹ۔ تاثر سے یکسر خالی۔ بیخود صاحب کی شاعری کچھ اسی قسم کی تھی۔

☆☆

مغرور محاورے!

محاورے زبان کی قدر و قیمت متعین کرتے ہیں۔ جو زبان جس قدر وسیع ہوگی اس میں محاوروں کی اسی قدر بہتات ہوگی۔ محاورے کیا ہیں، گویا دریا بند کوزے ہیں۔ ان میں ایک جہانِ معنی آباد ہوتا ہے۔ محاوروں نے اظہارِ بیان کو جامعیت بخشی ہے۔ اگر یہ جزوِ بیان نہ ہوں تو بیانِ حال میں زبان کو سخت دشواری پیش آئے۔ کسی حال کی سچّی اور پُر تاثیر ترجمانی جو محض ایک محاورہ سے ممکن ہے لفظوں، استعاروں اور تشبیہوں کی قطار سے ممکن نہیں۔ گویا محاورے پھیلتی ہوئی زبان کی تلخیص ہیں جو زبان ان تلخیصات سے مالا مال ہو اس کی قدرتِ بیان کا کیا کہنا۔

اردو زبان السنۂ مختلفہ کے الفاظ محاورات، ضرب الامثال کا ایک نادر مجموعہ ہے۔ کچھ الفاظ، محاورات، ضرب الامثال تو اردو میں بعینہ اپنی شکل میں ہی مستعمل ہیں۔ کچھ معمولی تغیّر و تبدل کے ساتھ اور کچھ یکسر ترجمہ ہو کر۔ ایک موضوع پر بیسیوں محاورے اردو میں رائج ہیں اور سب کا محلِ صرف بھی ایک ہی ہے۔ اس سے اس زبان کی ہمہ گیری اور وسعت کا پتہ چلتا ہے۔

لیکن اردو محاوروں کی یہ رنگارنگی اس قدر رنگ لائی کہ کچھ لوگوں نے بزعم خود، خود ساختہ محاوروں کو بھی عنصر زبان بنانے کی کوشش کر ڈالی اور کچھ لوگوں نے نادانستہ اپنی کم علمی کے سبب محاوروں کو توڑ مروڑ کر استعمال کرنا شروع کر دیا جس سے محاوروں کا استناد مشتبہ ہو گیا۔ یوں تو محاوروں کے استعمال میں خود یو۔ پی اور دہلی کے لوگوں میں اختلاف پایا جاتا ہے۔ ایک ہی محاورہ

کہیں کچھ بولا جاتا ہے اور کہیں کچھ۔ لیکن مفہوم میں فرق نہیں ہوتا۔ لہٰذا ہم انہیں محاروں کو مستند خیال کرتے ہیں جنہیں اہلِ زبان نے وضع کئے ہیں اور ہم انہیں کے استعمال کردہ فقرے، جملے یا اشعار سے محاوروں کا استناد کرتے ہیں۔

محاورے چونکہ جزوِ بیان ہیں اس لئے اردو کے تقریباً تمام شعراء نے اردو کے رائج محاورے اپنے اشعار میں کہیں نہ کہیں ضرور باندھے ہیں۔ لیکن ہم یہاں صرف ان متقدین اور متوسطین شعراء اردو کے کلام پیش کریں گے جو سند کی حیثیت رکھتے ہیں۔ زیرِ نظر مضمون میں جیسا کہ عنوان سے ظاہر ہے ہم صرف وہی اشعار پیش کریں گے جن میں غرور کا مفہوم ادا کرنے والے محاورے استعمال کئے گئے ہیں۔ غرور سے متعلق محاورے تو بے شمار ہیں۔ اگر سب کا احاطہ کیا گیا تو مضمون طوالت اختیار کر جائے گا۔ سر دست ہم کچھ مخصوص محاوروں پر ہی اکتفا کرتے ہیں جنہیں شعراء نے اپنے زورِ بیان سے لافانی بنا دیا ہے۔

ان اشعار کے پیش کرنے سے ہمارا مقصد صرف یہی نہیں کہ محاوروں کا صحیح محلِ استعمال سمجھا یا جائے بلکہ یہ بھی دکھانا مقصود ہے کہ شعراء نے رعایت لفظی سے کام لے کر مفہوم کو کتنا دلکش اور محاورں کو کتنا جاذبِ نظر بنا دیا ہے۔ ہوسکتا ہے کہ آج کا قاری ان اشعار کی افادیت سے یکسر انکار کر دے اور انہیں قطعی قابلِ اعتنا نہ سمجھے کیونکہ یہ اشعار محض تفریح طبع کے لئے کہے گئے ہیں۔ پھر بھی ہمیں کامل یقین ہے کہ ان اشعار کی پذیرائی فی زمانہ ہوتی رہے گی۔ اور یہ محض اس لئے کہ ان محاوروں میں وہ جادو بھرا ہے جو سر چڑھ کر بولے گا۔ ملاحظہ فرمائیے:

(۱) آسمان پر دماغ ہونا:

فقیری میں بھی اے دل آسماں پر ہے دماغ اپنا
گدائی بھی کریں تو لے کے کاسہ ماہِ کامل کا

(وزیرؔ)

فقیری میں بھی شاعر اپنے آپ کو ہیچ خیال نہیں کرتا۔ اور اپنی عظمت برقرار رکھنے کے لئے معمولی کاسۂ گدائی کے بجائے مہِ کامل کو اپنا کاسہ بناتا ہے۔ کاسۂ گدائی سے مہِ کامل کی تشبیہ کا لطف

''آسمان پر دماغ ہونا'' محاورے سے پیدا ہوتا ہے جو بڑا جی لگتا ہے۔اس شعر سے رعایتِ لفظی کا حسن صاف نمایاں ہے۔

(۲) بل کی لینا:

زلف کے پیچ سے نہیں آگاہ
بل کی لیتے ہیں آپ گھر بیٹھے

(عاشقؔ)

شاعر مخاطب کو انتباہ کرتا ہے کہ آپ گھر بیٹھے ڈینگیں مار رہے ہیں۔اگر اس زلف گرہ گیر کا سامنا ہو جائے تو آپ کی ساری شیخی دھری رہ جائے۔اس شعر میں محاورہ ''بل کی لینا'' سے قطع نظر لفظ ''بل'' جس کے معنی پیچ اور اینٹھن کے ہیں زلفِ پیچاں کے ہمراہ بڑا لطف دیتا ہے۔

(۳) زمین پر پاؤں نہ رکھنا:

اترا رہا ہے عطر سے عیش و نشاط کے
سچ ہے زمیں پہ پاؤں رکھے کیونکر آسماں

(ذوقؔ)

زمین اور آسمان ایک دوسرے کی ضد ہیں۔زمین پر پاؤں نہ رکھنا کے محاورے کو آسمان کے غرور سے متعلق کر کے شاعر نے ایک حقیقت مسلمہ کے اظہار میں بڑا لطف پیدا کیا ہے۔

(۴) آسمان پر کھینچنا:

کیا آسماں پہ کھینچے کوئی میرؔ آپ کو
جانا جہاں سے سب کو مسلّم ہے زیرِ خاک

(میرؔ)

سب کو خاک میں ملنا ہے۔اپنے تئیں کوئی کیوں غرور کرے۔''آسمان پر کھینچنا'' اور زیرِ خاک جانا دو متضاد باتیں ہوئیں اور یہی تضاد اس شعر اور محاورے کا بنیادی لطف بھی ہے۔

۵۔ آسماں پر ہونا:

کچھ بھی مناسبت ہے ، یاں عجز واں تکبر
وہ آسمان پر ہے میں ناتواں زمیں پر
(میرؔ)

وہ آسمان پر ہے یعنی متکبر ہے۔ میں زمیں پر ہوں یعنی عاجز ہوں اور آسمان و زمین کا فرق ظاہر ہے۔ یہاں ''آسمان پر ہونا'' محاورے کو محض ایک لفظ زمین کے مقابلے میں استعمال کر کے شاعر نے مفہوم کو بڑا جاندار بنا دیا ہے۔

۶۔ بل ہونا:

کیوں نہ پلکیں ہوں جفا کار جو آفت ہوں بھویں
بل ہے تیروں کو کمانوں کی توانائی کا (آتشؔ)

پلکیں بھوؤں کے نیچے ہوتی ہیں۔ اس طرح بھویں اگر مرتبہ میں آفت ہیں تو پلکیں جفا کار اور ان جفا کار پلکوں کے تیروں کو آفت بداماں بھوؤں کی کمانوں پر گھمنڈ ہے۔ چوں کہ کمانوں میں بل (جھکاؤ) ہوتا ہے لہٰذا تیروں میں بل (گھمنڈ) ہونا فطری امر ہے۔

۷۔ اَپھر جانا:

گُل تنگ حوصلہ تھا نہ دولت بچا سکا
سونے کا ایک کھا کے نوالہ اَپھر گیا
(بحرؔ)

اَپھر جانا کے معنی مغرور ہو جانا، مالدار ہو جانا اور پھول جانا کے ہیں، یعنی بے دست و پا ہونے کے مفہوم میں بھی یہ محاورہ مستعمل ہے اور وہ ایسے ماحول میں جب کوئی اشتہا سے زیادہ کھا لے اور اس میں چلنے پھرنے یا ہلنے ڈولنے کی سکت باقی نہ رہے اور بے سدھ بدھ پڑا رہے۔ اس شعر میں محض ایک نوالہ کھا کر اَپھر جانے سے شاعر نے اس مفہوم کی طرف بھی اشارہ کیا ہے۔ اس شعر میں سونا پا کر دولت مند ہو جانے کا مفہوم بھی پوشیدہ ہے۔ نوالہ کھانا، پچانا، اَپھر جانا ایک قبیل

کے الفاظ ہیں۔

اس شعر میں سونا سے مراد وہ سنہرے ذرّات ہیں جو گل کے عین قلب میں ہوتے ہیں۔شاعران ذرّات کوسونا کہتا ہے جو دولت ہے۔گل کو اس تھوڑی سی دولت پر مغرور نہیں ہونا چاہئے تھا۔اسے چھپا کر رکھنا تھا۔لیکن وہ تنگ ظرف وتنگ حوصلہ نکلا، مغرور ہو گیا۔سینہ چاک ہو کر یعنی شگفتہ ہو کر خزینۂ درِ دل کا اظہار کر دیا۔ایک نہایت چھوٹا نوالہ کھا کر پچا نہ سکا اُبھر گیا۔

یہ شعر رعایتِ لفظی، مفہوم کی رنگارنگی اور حسنِ بیان کی بہترین مثال ہے۔

۸۔ آنکھوں میں چربی چھا جانا:

روبرو اس شمعرو کے بزم میں کیوں آگئی
شمع کافوری کی آنکھوں میں یہ چربی چھا گئی (رندؔ)

اس شعر کا لطف ''آنکھوں میں چربی چھا جانا'' کے محاورہ اور شمع کی رعایت سے ہے جو موم اور چربی کی بنی ہوتی ہے۔آنکھوں میں چربی چھا جانا سے آنکھوں پر پردہ پڑنا یعنی مغرور ہونا مفہوم ہے۔شمع کافوری نے اگر اس شمعرو کو دیکھا ہوتا تو روبرو آنے کا حوصلہ نہیں کرتی۔مطلب صرف یہ ہے کہ شمع کو یہ گھمنڈ کہ وہ محبوبِ شمعرو کے مقابل آئے۔

۹۔ سر اٹھا کر چلنا:

سر اٹھا کر جو چلا اِس دشتِ وحشت خیز میں
پار تلوے سے وہیں خارِ مغیلاں ہو گیا
(ناسخؔ)

محاورہ ''سر اٹھا کر چلنا'' کے معنی مغرور ہونا ہیں۔حقیقی مفہوم سے قطع نظر اس شعر میں شاعر نے اس محاورہ کو لفظی وعملی مفہوم میں بھی بڑا چست باندھا ہے۔دشتِ پُر خار میں سر اٹھا کر چلنے والوں کے پاؤں میں کانٹے چبھیں گے ہی۔بے خبری کے اس عملی انجام سے شاعر نے ثابت کیا ہے کہ غرور کا انجام ذلّت ورسوائی ہی ہے۔''سر اٹھا کر چلنا'' کی رعایت سے تلوؤں میں کانٹوں کا چبھنا ایک عملی اور حقیقی مفہوم پیش کرتا ہے اور یہی اس محاورے کی جان اور اس شعر کا حُسن ہے۔

۱۰۔ پنجوں کے بھل چلنا ، جامے سے باھر نکلنا:

جوتا نیا پہن کے وہ پنجوں کے بھل چلے
کپڑے پہن کے جامے سے باہر نکل پڑے

(بحرؔ)

جوتا پہن کے پنجوں کے بھل چلنا اور کپڑے پہن کے جامہ سے باہر نکلنا عملی طور پر نا قابلِ یقین باتیں ہیں۔شاعر نے بظاہر الٹے اور غلط دعوے کیے ہیں لیکن اگر آپ محاوروں کے مفاہیم کو نظر میں رکھیں تو آپ کو اس کے دعوے کے مسکت دلائل مل جائیں گے۔مفاہیم کے ظاہری افتراق مگر حقیقی ارتباط نے اس شعر کو واقعی دو آتشہ بنا دیا ہے۔

۱۱۔ دماغ فلک پر پھونچنا:

دل اپنا ہوا بھی دریا جو وہ گہر مل جائے
دماغ پہونچے فلک پر جو وہ قمر مل جائے

گہر کا زیرِ آب پایا جانا ایک نا قابلِ تردید حقیقت ہے۔لہٰذا اس خیال کے پیشِ نظر شاعر گہر یابی کے بعد اپنے دل کو دریا بنا لینے پر آمادہ ہے،اور چونکہ گہر بیش بہا ہوتا ہے اس لئے یہاں دل کو دریا بنانے سے دریا دلی یعنی سخاوت کا مفہوم بھی پیدا ہو جاتا ہے۔

دوسری طرف قمر کا آسمان میں ہونا بھی ایک تسلیم شدہ امر ہے۔جدید سائنسی تحقیق سے چشم پوشی کر لی جائے ، ورنہ آسمان کا وجود بھی حدِ نظر کے سوا کچھ نہیں۔لہٰذا قمر کی حصولی کے پیشِ نظر دماغ کا آسمان پر پہونچنا بھی قرین مصلحت ہے۔اصطلاحی مفہوم میں شاعر نے گہر و قمر سے محبوب مراد لیا ہے جسے پا لینے کے بعد اس کا مغرور ہو جانا ایک فطری امر ہے۔''دماغ فلک پر پہونچنا'' کے محاورے کو قمر کی مناسبت سے اس شعر میں اس خوبی اور چابکدستی سے صرف کیا گیا ہے جیسے انگوٹھی میں نگینہ جڑ دیا گیا ہو۔

☆☆

الف سے غین تک

ابجد۔ ہوز۔ حُطی۔ کلمن۔ سعفص۔ قرشت۔ ثخذ۔ ضظغ۔

مندرجہ بالا آٹھ الفاظ ۲۸ حرفوں پر محیط ہیں اور یہی اٹھائیس حروف عربی کے Alphabet یعنی عربی کے حروف تہجی شمار کئے جاتے ہیں۔ ان سے متعلق ایک پرانے ہفت روزہ **الجمیعتہ** (۲۹/اکتوبر تا ۴/نومبر ۹۳ء) کی اشاعت میں جناب عابدالرّحمان مظاہری (بی۔اے) کا ایک مضمون بعنوان ''حروفِ ابجد کا تاریخی پس منظر اور شریعت میں ان کا مقام'' نظر سے گزرا۔ تاریخی پس منظر تو برائے نام ہے۔ قیاس آرائیاں اور روایتیں بہت زیادہ ہیں جن کی کوئی منطقی دلیل نہیں دی گئی۔ علم لسانیات کے ماہرین سے انہوں نے استفادہ کیا ہوتا تو ان الفاظ کے ماخذ کا پتہ چل گیا ہوتا۔ آپ نے جو مضمون سپردِ قلم کیا ہے وہ صرف اُن عددوں اور ہندسوں سے بحث کرتا ہے جو لوگوں نے ابجد وغیرہ حروف کے لئے وضع کئے ہیں اور جن کی مدد سے شعراء اور دیگر حضرات تاریخی نام، سالِ پیدائش، سالِ انتقال یا کوئی واقعہ نظم کرتے ہیں۔ ''بسم اللہ الرّحمٰن الرّحیم'' یا ''ہرے کرشن'' کے اعداد شمار کرنے سے مضمون نگار کے مطابق اگر ۷۸۶ کا ہندسہ بنتا ہے تو صاحبِ مضمون کے خیال میں بسم اللہ کی جگہ ۷۸۶ لکھنا ایک غیر شرعی فعل ہے جس سے ہم مسلمانوں کو اجتناب کرنا چاہئے۔ میں شرعی اور غیر شرعی کی بحث میں نہیں پڑنا چاہتا، اور نہ ہی عددوں اور ہندسوں کے چکّر میں پڑنا چاہتا ہوں۔ میں تو صرف عربی کے حروفِ تہجی کے تاریخی پہلو پر روشنی ڈالنا چاہتا ہوں۔ اس سے پہلے کہ میں تاریخی اور منطقی دلیلیں پیش کروں ضروری ہے کہ ان قیاس آرائیوں

اور روایتوں پر بھی ایک نظر ڈال لی جائے۔ مضمون نگار نے خود کچھ سوالات کئے ہیں اور خود ہی ان کے جواب بھی دینے کی کوشش کی ہے۔

حروف ابجد۔ ہوز۔ حُطی۔ کلمن۔ سعفص۔ قرشت۔ ثخذ۔ ضظغ کی ایجاد کہاں ہوئی؟ کس نے کی؟ اس کی حقیقت کیا ہے؟

مضمون نگار کے کہنے کے بموجب ''اس میں کافی اختلاف ہے۔ بعض نے ان کا موجد عربوں کو مانا ہے لیکن ان کے دلائل غیر وقیع ہیں۔ اکثر حضرات کی رائے ہے کہ عرب اس کے موجد نہیں بلکہ مجدد ہیں۔ انسائیکلوپیڈیا تاریخِ عالم کے مطابق حروف ابجد کی ایجاد قبل از مسیح اہلِ فونیقیہ نے کی۔ فونیقیہ لبنان کے مغربی حصّہ میں ایک ساحلی علاقہ ہے۔ اہلِ فونیقیہ کی زبان کو اگر سامنے رکھ کر دیکھا جائے تو معلوم ہوگا کہ یہ لوگ کنعانیوں کی ایک شاخ ہیں جن کی بولی مغربی ساحلی بولی تھی جو کہ کنعان کی عبرانی زبان سے مماثلت رکھتی تھی۔ چنانچہ صاحبِ غیاث اللغات نے لکھا ہے کہ ابجد کی ایجاد مرامر نامی سامی النسل ایک شخص نے کی جو اس کے لڑکوں کے نام تھے۔ اسلامی انسائیکلوپیڈیا میں لکھا ہے کہ حروفِ ابجد درحقیقت عبرانی اور آرامی حروف ہیں جن کو بعد میں عربوں کی طرف منسوب کیا جانے لگا۔ لیکن پرانے فنِ تحریر سے مستنبط دلائل ثابت کرتے ہیں کہ عربوں نے حروفِ ہجا نبطیوں سے اخذ کئے ہیں۔ شروع میں عرب سامی زبان سے بالکل نابلد تھے۔ انہیں اپنی عصبیت اور قومی حسب ونسب پر بڑا ناز تھا۔ اس لئے وہ ابجد کے آٹھوں الفاظ کی اصلیت کے متعلق اِدھر اُدھر کی بے معنی تشریحات کرنے لگے اور یہ تشریحات ایسی تھیں جو روایتاً نقل ہوتی گئیں۔ جو کچھ انہوں نے اس بارے میں لکھا ہے وہ لغو ہے۔ چنانچہ چند ایسی تشریحات پیش خدمت ہیں۔

ایک روایت میں ہے کہ مدائن کے چھ بادشاہوں نے اپنے ناموں کے مطابق حروفِ ہجا مرتب کئے۔

صاحبِ غیاث اللغات نے بحوالہ ضوابط عظیم لکھا ہے بعض حضرات نے حروفِ ابجد کو اباجاد نامی بادشاہ کا مخفف مانا ہے اور باقی سات حروف اس کے لڑکوں کے نام ہیں۔ بعض نے لکھا

ہے کہ شروع کے چھ الفاظ شیطانوں کے نام ہیں۔ بعض نے کہا ہے کہ ہفتوں کے نام تھے۔ چنانچہ سلوسٹر دی ساسی نے اس طرف اشارہ کیا ہے کہ یہ روایتیں پہلے چھ لفظوں کی توجیہہ بیان کرتی ہیں۔ مثلاً (یوم الجمعۃ) شخذ نہیں بلکہ عروبہ ہے لیکن علمی طور پر ہم ان روایات پر اعتماد نہیں کر سکے (اسلامی انسائیکلو پیڈیا)۔

اسی طرح صاحبِ غیاث اللغات نے بحوالہ صاحب مدار الافاضل ایک دلچسپ تشریح بیان کی ہے جو صرف قیاسی ہے مثلاً

(۱) ابجد = ای وجد فی المعصیۃ

(۲) ہوز = ای اتبع ہواہ۔ العیاذ باللہ

(۱) حضرت آدم سے گناہ کا صدور ہوا۔

(۲) یعنی انہوں نے (حوّا) نے اپنی خواہشِ نفس کی پیروی کی (العیاذ باللہ)

یہ اسی قسم کی بے تکی تشریح ہے جیسا کہ بعض مفسرین نے حروف مقطعات کی تشریحیں کی ہیں۔ مثلاً طٰہٰ کو سانپ کی شکل قرار دیا ہے اور یہ ہیں حضرت علاّمہ فراہی صاحب (نعوذ باللہ)۔

قواعد جمل کے حساب سے حروفِ تہجی جن سے کلمات مرکب ہوتے ہیں اور ہر حرف کے لئے عدد مقرر ہیں۔ تفصیل اس کی اس قطعہ سے ظاہر ہوگی۔

"ابجد ہوز اور حطی تک ایک پر ایک بڑھاتا جا
کلمن سے لے کر تا سعفص دس پر دس کو ملاتا جا
قرشت ثخذ اور ضظغ پر سو پر سو تو لگاتا جا"

مندرجہ بالا بیان جو واوین میں ہے مضمون نگار نے صاحبِ غیاث اللغات یا انسائیکلو پیڈیا کے حوالے سے لکھا ہے اور آخر میں اپنی رائے پیش کی ہے جو قیاس پر مبنی ہے اور وہ یہ کہ "اصل میں ان لفظوں کی ایجاد حروف تہجی کو یاد کرنے کی غرض سے کیا گیا تھا اور یہی غرض وغایت عربوں اور یونانیوں اور سامیوں کی تھی۔ لیکن بعد میں اس کا استعمال جادوگر جادو کے طلسمات میں، شعراء حضرات اشعار میں کرنے لگے جس کی وضاحت تاریخی کتب میں موجود ہے۔ ہمارے علماء نے بھی

اس کا استعمال تعویذوں میں شروع کر دیا۔''

مندرجہ بالا اقتباس مضمون نگار کی قیاسی رائے ہے۔اس قیاسی رائے سے قطع نظر چند عالموں کا نظریہ بھی غیاث اللغات کے حوالے سے میرے مطالعے میں ہے اور وہ یہ کہ حروفِ تہجی یعنی الف بے وغیرہ ۲۸ حروف ہیں جن کے معنی مندرجہ ذیل ہیں:

ابجد (آغاز کرد) شروع کیا۔ ہوز (در پیوست) مل گیا۔ حطی (واقف شد) واقف ہوا۔ کلمن (سخن گوشد) کلام کیا۔ سعفص (از وآموخت) اس سے سیکھا۔ قرشت (ترتیب کرد) ترتیب کیا۔ ثخذ (نگاہ داشت) نگاہ رکھا۔ ضظغ (تمام کرد) تمام کیا۔

بحوالہ صاحبِ غیاث اللغات، صاحبِ مدارالافاضل نے یہ معنی لکھے ہیں:

ابجد = ای ابی وجد فی المعصیته۔ یعنی پدرِ من که آدمؑ بودیافته شد در گناه یعنی گناهی ازاوبوجودآمد۔

ہوز = ای اتبع هواه۔ یعنی پیروی کرد هوائے نفسانئ خودرا۔

حطی = ای حطّ ذنبه بالتوبه والاستغفار۔ یعنی کم کرده شد گناه اوبتوبه کردن و استغفار۔

کلمن = ای تکلّم بکلمته فتاب علیه یا بقولِ والرّحمته۔ یعنی کلام کرده بکلمه پس قبول شد توبۂ او۔

سعفص = ای ضاق علیه الدّنیا فافیض علیه۔ یعنی تنگ شد برودنیا پس ریخته شد برو۔

قرشت = ای اقرّ بذنبه فشرف بالکرامته۔ یعنی اقرار کرد بگناهِ خویش پس شرف بکرامت یافت۔

ثخذ = ای اخذ من اللّٰه قوة۔ یعنی گرفت از حق تعالیٰ قوت را۔

ضظغ = ای سدّ عنه نزغ الشیطان بالعزیمته۔ یعنی بند شداز

و نزغ شیطان بعزیمت ای بکلام حق و توحید۔

یہ وہ قیاسات یا روایتیں ہیں جو ہمارے بزرگ کرتے یا نقل کرتے چلے آرہے ہیں۔ اپنے طور پر کسی نے منطقی دلیلیں پیش کرنے کی کوشش نہیں کی۔ زمانۂ طالب علمی میں ایک پیپر علم لسانیات (Philology) کا بھی تھا۔لیکن موضوع (Subject) پر کوئی کتاب دستیاب نہ ہونے کی صورت میں پروفیسر صاحبان ہمیں نوٹس (Notes) لکھا دیا کرتے تھے۔نوٹس تو اِدھر اُدھر ہوگئے اور وہ پرفیسر صاحبان بھی اس سرائے فانی سے سدھار گئے۔اپنے حافظے پر بھروسہ کر کے چند سطریں قلم بند کر رہا ہوں۔ مجھے علم ہے کہ میں جس موضوع پر قلم اُٹھا رہا ہوں وہ تشنہ رہ جائے گا۔ لیکن اس کے ساتھ یہ بھی یقین ہے کہ کوئی ماہرِ لسانیات ضرور اس بھولے بسرے موضوع پر مفصّل روشنی ڈالنے کی کوشش کرے گا۔

عربی اور انگریزی زبانیں ایک ہی خاندان سے تعلق رکھتی ہیں۔ان کا ماخذ ایک ہے۔ ابجد، ہوز، حُطی، کلمن، سعفص، قرشت، ثخذ، ضظغ، یہ الفاظ بالکل ابتدائی ترتیب میں ہیں۔ان کے حروف شمار کیے جائیں تو کل ملا کر اٹھائیس ہوتے ہیں جو کہ تمام تر عربی کے حروف ہیں اور آغاز میں ترتیب بھی یہی تھی۔ بعد میں مبتدیوں کی آسانی کے لئے زبان کے عالموں نے ان کی ترتیب بدل دی اور ہم شکل حروف یکجا کر دیئے تا کہ مبتدی ذرا سی کوشش سے حروف کی پہچان کر سکیں۔مثلاً ب ت ث، ج ح خ، ط ظ وغیرہ۔ٹھیک اسی طرح انگریزی کے حروف ہجا کی ترتیب بھی بدل گئی ہے لیکن کچھ الفاظ کے حروف ابھی بھی اپنی پہلی ترتیب میں ہی ہیں۔مثلاً ابجد (ا ب ج د) = ABCD، کلمن (ک ل م ن) = KLMN، قرشت (ق ر ش ت) = QRST۔ مندرجہ مماثلت سے کم سے کم یہ بات تو ثابت ہو ہی جاتی ہے کہ عربی اور انگریزی کا ماخذ ایک ہی ہے۔انگریزی حروفِ تہجی (Alphabet) چھبّیس ہیں، عربی کے اٹھائیس، فارسی کے حروفِ تہجی چار حروف پ چ گ ژ کے اضافے سے بتّیس اور اردو کے حروفِ تہجی ٹ ڈ ڑ کے اضافے سے پینتیس ہیں۔

ہم عربی، فارسی اور اردو والوں نے حروفِ تہجی کے الگ الگ نام رکھ چھوڑے ہیں جبکہ

سنسکرت، ہندی، بنگلہ وغیرہ زبانوں میں صرف آوازیں ہی حروف کے نام ٹھہرے ہیں۔ مثلاً اَ آواز کو الف کہتے ہیں اور انگریزی میں اے (A)۔ لَ کو ہم لام کہتے ہیں اور انگریزی میں ایل (L) کہا جاتا ہے۔ اسی طرح مَ، نَ وغیرہ کو ہم میم نون کہتے ہیں تو انگریزی میں ان کو ایم (M) اور این (N) کہتے ہیں جبکہ دوسری زبانوں میں حروف کی آوازیں ہی حروف کے نام مان لئے گئے ہیں۔ مثلاً اَ ، مَ ، لَ ، نَ وغیرہ۔

اب جب ہم مبتدیوں کو سمجھنے یا سمجھانے کے لئے عربی کے حروفِ تہجی لکھتے ہیں تو یہ ترتیب ہوتی ہے:

اب ت ث ج ح خ د ذ ر ز س ش ص ض ط ظ ع غ ف ق ک ل م ن و ہ (ھ ہ لا ء) ی۔

اب سوال یہ اُٹھتا ہے کہ حروفِ تہجی کے جو حصّے قوسین میں کر دیئے گئے ہیں وہ کیا ہیں۔ کیوں کہ اگر انہیں حروف شمار کرتے ہیں تو تعداد بڑھ جاتی ہے۔ قوسین میں جو کچھ دیا گیا ہے اگر انہیں شمار نہ کریں تو عربی کے اٹھائیس حروف بچ رہتے ہیں جو درست ہیں، تو پھر قوسین والے حرفوں کی توضیح کیا ہے۔

قوسین میں جو دوچشمی ہے یعنی (ھ ہ) ہے وہ اصل میں الگ سے کوئی حرف نہیں ہے "ہ" کی مختلف شکلیں ہیں جو یکجا کر دی گئی ہیں۔ "ہ" جو اپنی اصلی شکل میں ہے وہ ہمیں "بندہ" "وغیرہ" میں ملتی ہے۔ اس کے علاوہ باقی جو چار شکلیں ہیں وہ دوچشمی ھ ہ کی شکل میں پیش کی گئی ہیں، مثلاً "ہم" میں پہلی "ہ"، "کہا" میں دوسری "ہ"، "تھا" میں تیسری "ہ" اور "چونکہ" "چنانچہ" میں چوتھی "ہ"۔ دوچشمی ہے "ہ" کی دوسری شکلوں کا مجموعہ ہے اس لئے اس کا شمار حروفِ تہجی میں نہیں ہوگا۔ اس کے بعد حروفِ تہجی میں آنے والا "لا" حرف نہیں لفظ ہے۔ لام اور الف الگ الگ حرف ہیں۔ ان دو حرفوں کو ملا دینے کے بعد ایک لفظ بنتا ہے اور وہ لفظ ہے "لا" جس کے معنی "نہیں" کے ہیں اور یہ عربی کا لفظ نفی ہے، اور یہ لفظ ایک عربی جملے کا لفظِ آغاز بھی ہے، اور وہ عربی جملہ ہے "لا شکلُ اللھمزہ"۔ اس جملے کے معنی ہیں "ہمزہ کی کوئی شکل نہیں ہے۔" حروفِ تہجی میں "لا" کے فوراً بعد ہی ہمزہ لکھنے سے یہ بات ثابت ہوتی ہے کہ (لا ء) ہمزے کی کوئی شکل

نہیں ہے۔ یہ ہمزہ صرف حروفِ علّت یعنی الف، واوٗ اور یائے کی شکل میں آتا ہے متحرک اور کھینچ کر پڑھا جاتا ہے۔

ہمزہ کا استعمال حروفِ علّت کی شکل میں کیوں کر ہوتا ہے حضرات مندرجہ مثالوں کو دیکھیں اور پرکھیں۔ ''جرأت'' یا ''قرأت'' میں ہمزے کی شکل الف کی ہے اور یہ ذرا کھینچ کر پڑھی جائے گی۔ ''رئیس'' میں یہ شکل یائے کی ہے اور یہ بھی کھینچ کر پڑھی جائے گی۔ ''رؤسا'' میں واوٗ کی شکل ہے اور یہ بھی ذرا کھینچ کر پڑھی جائے گی۔ اس طرح آپ جہاں جہاں ہمزہ دیکھیں تین حروفِ علّت میں سے ایک نہ ایک ضرور مل جائے گا۔ حروفِ علّت اپنے استعمال میں تو رہتے ہی ہیں لیکن جب وہ ہمزے کی شکل اختیار کرتے ہیں تو ان پر ہمزہ (ء) کا نشان لگا دیا جاتا ہے۔ وہ متحرک ہو جاتے ہیں اور کھینچ کر پڑھے جاتے ہیں۔ اس لئے ہمزہ کی گنتی حروفِ تہجی میں نہیں ہوتی۔ اس توضیح سے یہ ثابت ہے کہ عربی کے اٹھائیس حروف ان آٹھ لفظوں کا مجموعہ ہی ہے جو ابجد سے ضظغ تک ہیں۔

☆☆